I0147803

SUPPLÉMENT

AU

DICTIONNAIRE
d'Argot

FIN-DE-SIÈCLE

PAR

CHARLES VIRMAITRE

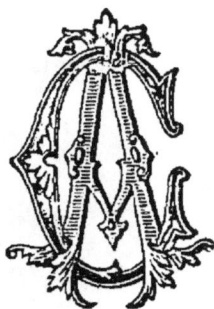

PARIS

A. CHARLES, LIBRAIRE

8, RUE MONSIEUR-LE-PRINCE, 8

DICTIONNAIRE D'ARGOT

FIN-DE-SIÈCLE

OUVRAGES DU MÊME AUTEUR :

Paris Police.
Paris-Oublié.
Paris qui s'efface.
Paris-Palette.
Paris-Escarpe.
Paris-Canard.
Paris-Boursicotier.
Paris-Médaille.
Paris-Croquemort.
Paris-Galant.
Paris-Cocu.
Paris-Impur.
Les Maisons de rendez-vous.
Trottoirs et Lupanars.
Mlles Saturne.
Paris-Historique.
Dictionnaire d'Argot fin-de-siècle

AVIS DE L'ÉDITEUR

Les noms suivis des initiales *L L* donnent les explications de M. Lorédan Larchey ; *A D* celles de M. Alfred Delvau.

Les erreurs des autres auteurs ayant eu la prétention de publier des dictionnaires ne valant pas la peine d'être relevées, l'auteur de ce supplément les passe sous silence.

Toutes les explications nouvelles et celles à qui l'auteur a restitué leur véritable sens sont suivis de la lettre *N*.

Les lecteurs pourront consulter avec fruit le dictionnaire et son supplément en vente chez tous les libraires de France et de l'étranger.

Ce dictionnaire avec son supplément est le plus complet de tous ceux qui existent au point de vue, non seulement des divers argots parlés couramment, mais aussi au point de vue des néologismes et des déformations du langage.

Ce n'est pas d'hier que des écrivains de mérite se sont occupés des progrès des mots nouveaux que les dictionnaires, même les plus scrupuleusement rédigés, ne mentionnent pas, ce qui fait qu'ils sont tous incomplets.

A ce sujet, en 1833, Saint-Edme écrivait ceci :

Argot, maintenant, est plutôt un terme générique destiné à exprimer tout jargon enté sur la langue nationale, qui est propre à une corporation, à une profession quelconque, à une certaine classe d'individus ; quel autre nom, en effet, employer pour exprimer sa pensée, si l'on veut désigner le langage exceptionnel de tels ou tels hommes : on dira bien, il est vrai, le jargon des Petits-Maitres, des coquettes, etc., etc., parce que leur manière de parler n'a rien de fixe, d'arrêté, parce qu'elle est soumise aux caprices de la mode, mais on dira l'argot des soldats, des marins, des voleurs, parce que, dans le langage de ces derniers, les choses sont exprimées par des mots et non par une inflexion de voix, par une manière différente de les dire ; parce qu'il faut des mots nouveaux pour exprimer des choses nouvelles.

Toutes les corporations, toutes les professions ont un jargon (je me sers de ce mot pour me conformer à l'usage général), qui sert aux hommes qui composent chacune d'elles à s'entendre entre eux, langage animé, pittoresque, énergique, comme tout ce qui est l'œuvre des masses, auquel très souvent la langue nationale a fait des emprunts importants. Que sont les mots propres à chaque science, à chaque métier, à chaque profession qui n'ont point de racines grecques ou latines, si ce ne sont des mots d'argot? Ce qu'on est convenu d'appeler la langue du palais, n'est vraiment pas autre chose qu'un languauge argotique.

L'auteur du dictionnaire et de ce supplément a scruté, fouillé, étudié sur le vif, tous les bas-fonds parisiens ; de grands écrivains lui ont rendu justice, et c'est à juste titre que le regretté Francisque Sarcey a baptisé M. Ch. Virmaître : *Le Larousse du ruisseau*.

ALFRED CHARLES.

SUPPLÉMENT

AU

Dictionnaire d'Argot

FIN-DE-SIÈCLE

A

ABANDONNER : Opération de bourse, traitée à découvert et qui est annulée par l'acheteur en *abandonnant* une prime fixée à l'avance.

Cette prime varie de 10 centimes à 10 francs (Argot des boursiers).

ABBAYE : Avant que le Conseil municipal, dans sa profonde sollicitude pour messieurs les rôdeurs de nuit, les filous et les escarpes, n'ait fait installer les asiles de nuit, les *fileurs de comète* allaient coucher dans les *carrières d'Amérique* ; à la Villette, ils s'étalaient devant les *fours à chaux* et ronflaient comme des *moines*, de là l'expression *abbaye* (Argot des voyous).

ABATTAGE : Au baccarat, quand un joueur a, du premier coup, huit ou neuf, il *abat*.

Il en est de même à d'autres jeux, le joueur qui a gagné *abat* ses cartes.

ABATTAGE : Quand un ouvrier est aux *pièces*, c'est-à-dire à la tâche, il travaille plus vite que s'il était à sa journée.

Il *abat* en trois heures une besogne de douze (Argot d'ateliers).

ABCÈS : Homme gras dont la figure, blême, pustuleuse, semble toujours prête à crever

Allusion à l'*abcès* qui crève au moment où on ne s'y attend pas (Argot du peuple).

ABOMINER : Corruption d'*abomination*.

— J'*abomine* cette femme à ne pouvoir la regarder en face (Argot du peuple).

1.

ABORGNER : Regarder quelqu'un avec attention sans en avoir l'air.

Celui qui *aborgne* comme les tireurs pour mieux ajuster, ferme un œil, il est *borgne*, de là *aborgner* (Argot des voleurs).

ABOYEUR DE TROTTOIR : Les camelots qui *aboient* les journaux, le cours de la Banque et de la Bourse, cinquante chansons nouvelles pour un sou, etc. etc.

On sait qu'ils marchent généralement par deux, de chaque côté de la rue, sur le trottoir, et que leurs cris sont de véritables *aboiements* (Argot du peuple) N.

ABRUTI : Individu qui boit trop, ivrogne invétéré.

Individu qui se livre à la *bataille des Jésuites*. V ce mot. Synonyme d'*abéti* (Argot du peuple)

ABSINTHER (s') : Buveur invétéré de la *fille aux yeux verts*, qui se saoûle dans les bars à trois sous.

— Depuis que ma femme a lâché la rampe, je m'*absinthe* pour oublier (Argot du peuple).

ACABIT : être d'un bon *acabit*, être bien portant ; être maigre et chétif, c'est être d'un mauvais *acabit*.

La locution usuelle est : ce n'est pas sa faute c'est

l'*acabit de la bête* (Argot du peuple),

ACCESSOIRES : Objet de théâtre, tels que par exemple, une table, des chaises, le poulet et les assiettes en carton, lorsque les acteurs font la *frime* de manger.

Dans le peuple on donne à cette expression un tout autre sens : *Accessoires* les testicules (Argot du peuple). *N.*

ACCIDENT : C'est le jeu de piquet ordinaire, seulement le joueur qui compte une quinte ou un quatorze paye à ses adversaires une somme déterminée. C'est l'*accident*, s'il gagne la consommation, en revanche, il peut perdre beaucoup, suivant le prix de l'accident (Argot des boulevardiers). *N.*

ACCLIDENCÉ : Est une corruption du mot *accident* (Argot des voleurs).

ACCROCHÉ : Etre *accroché* quelque part, avoir un créancier devant la demeure duquel on n'ose passer de crainte d'être *accroché*.

Avoir des effets *accrochés* au Mont-de Piété, allusion au nom du *clou* qui désigne cet établissement.

Ne pas pouvoir sortir de

chez soi, sans être *accro-ché* par sa femme.

— Viens-tu boire un verre chez Roussel.

— Non, je suis *accro-ché* chez le bistro, *accro-che* vient de ce que le marchand de vins *accro-che* obstensiblement sur la glace qui est derrière son comptoir, l'ardoise sur laquelle il inscrit les crédits.

Mot à mot, je n'ai payé, je suis *accroché* (Argot du peuple). *N.*

ACCROCHES-COEUR : On dit d'une femme qui se plaque sur les tempes des petites mèches de cheveux en forme de points d'interrogation, pour attirer les regards :

— Elle a des *accro-ches-cœur*.

C'était en grande mode vers 1860 (Argot du peuple). *N.*

ACCOMMODÉ : Autrefois, dans leur langage prétentieux, les coiffeurs des grandes dames *accommo-daient* leurs clientes, de nos jours cette expression est employée par tout ce qu'il y a de plus abject dans la Société : — As-tu vu sa gueule je l'ai *accommodé* aux p'tits oignes (Argot des voyous).

ACHETER : On achète de plusieurs manières, au *comptant* ou à *terme* (Argot des boursiers).

ACHETOIRES : Monnaie.

Cette expression est très usité dans le peuple.

Le père ne travaille pas, tout est au Mont-de-Piété, pas de feu dans le poêle, l'enfant pleure.

— Maman, maman, j'ai froid, j'ai faim.

— Mon pauvre petit, je n'ai pas d'*achetoires* (Argot du peuple).

ACOEURER : Y aller de bon cœur.

Assommer un individu. l'accommoder à la *sauce pavé*, le frapper avec entrain (Argot des voleurs).

ACTIONS : Titre de propriété au porteur ou nominatif suivant les statuts de la Société qui en fait l'émission (Argot des boursiers).

ACTIONS DE JOUISSANCE : Elles sont cotées en bourse, mais ne se négocient pas facilement.

Elles tirent leur nom de ce qu'elles remplacent les actions remboursées par voie de tirage au sort.

ACTIONNAIRE : Individu qui a comme on dit une bonne tête, c'est le *monsieur crédule* de tous les temps, qui *gobe* tout ce qu'on lui raconte ; il souscrirait volontiers pour la fabrication des étuis en flanelle pour préserver les cathédrales de l'humidité (Argot des boursiers).

ADIEU : Expression employée quand on change une pièce de cinq francs ou de vingt.
— Tu peux lui dire *adieu*.
Mot à mot, tu ne la reverras jamais (Argot du peuple). *N.*

AFFAIRE : Pour les voleurs, tous les genres de vols sont des *affaires* (Argot des voleurs).

AFFAIRES (les avoir) :
— Tu ne vas donc pas au *trimar* ce soir?
— J'peux pas, j'ai mes affaires.
— Ça ne fera pas celles de Nib de Blair (Argot du peuple). *N.*

AFFAIRE (avoir son) : Avoir reçu une maîtresse volée.
— Mon *affaire* est réglée, je vais crever.
Synonyme *d'avoir son compte* (Argot du peuple).

AFFAIRE : Avoir un duel sur l s bras.
Tomber sur une *mauvaise affaire*, avoir mal placé son argent.
Avoir une *sale affaire* sur le dos, être poursuivi sans savoir comment s'en tirer.

Une femme que l'on suppose amoureuse et qui est si froide qu'elle frapperait une carafe : *Mauvaise affaire* (Argot du peuple). *N.*

AFFRE : La vie.
Les voleurs *vivant* dans des transes continuelles comme le mourant, ils ont des *affres*.
Affres, en français, signifie *Angoisses* (Argot des voleurs) (V. *Affe* dict.).

AFFURANT : homme d'*affure*, qui gagne.
— Je n'ai pas payé le troquet, c'est douze ronds d'*affure* (Argot des voleurs).

AFFUTER LE SIFFLET (s') : boire, s'arroser le gosier.
Allusion à la mauvaise eau-de-vie qui gratte la gorge en descendant, elle *l'affute*, en effet, durement (Argot du peuple). *N.*

AGACER UN POLICHINEL-LE SUR LE ZINC : On nomme *Polichinelle* un verre d'eau de-vie, environ un cinquième de litre que certains pochards abrutis boivent sur le *zinc*.
Il en est qui *agacent* jusqu'à cinq *polichinelles* dans une matinée (Argot du peuple) *N.*

AGATER : recevoir des coups, ou être arrêté par la police,

Synonyme *d'étrenner*.

— Mon p'tit homme, j'suis bien aimable au dodo, j'ai pas encore *agaté* aujourd'hui (Argot du peuple).

AGENT DE CHANGE : Ce sont des officiers ministériels nommés par décret du Président de la République, sur la proposition de la Chambre syndicale, leurs fonctions consistent à faire exclusivement les négociations d'effets publics (Argot des boursiers.)

AGIO : Différence entre la valeur nominale et la valeur réelle des monnaies. Ainsi 1,000 francs en or valent 1,002 ou 1,003 francs, quelques fois plus, suivant les cours payables en argent.

Le terme *Agio* est aussi employé pour la négociation des effets de commerce, et indique ce que coûte l'escompte en dehors de l'intérêt légal (Argot des boursiers).

AGIOTAGE : Spéculation sur les cours des fonds, c'est aussi un terme employé pour désigner *l'agioteur* qui cherche par tous les moyens, même les plus malhonnêtes à impressionner les cours pour bénéficier des différences.

On *agiote* sur tout, quand même *l'agiotage*

ruinerait un pays, ou affamerait un peuple (Argot des boursiers).

AGONISE : Dire des grossièretés à quelqu'un, l'insulter sans relâche.

Mot à mot : *l'agoniser*, c'était autrefois la spécialité des marchandes des Halles.

Une cliente flairait un poisson, elle le rejetait avec dégoût sur l'étalage.

— Mais il pue votre merlan !

— C'est toi qui pue, charogne, en v'la une sale rognure d'abattoir qui débine ma camelotte, des merlans pareils pour une gueule comme la tienne, ce serait foutre des confitures à un cochon, allons, vieux sac à os, ferme ta boîte ou je chie dedans.

Et cela tout d'une haleine (Argot du peuple) *N*.

AGRAFFER : Arrêter.

Allusion au corset qui, une fois *agraffé*, enferme les seins.

Agraffé ayant une forme trop polie n'est plus usité.

Ce mot est remplacé par d'autres que l'on trouvera plus loin (Argot du peuple).

AGRÉMENT (Avoir de l') : faire la noce, se payer de la joie à tire-larigo.

Il y a une vieille chanson restée populaire qui dit :

Poussons-nous de l'ag, de l'ag,
[de l'ag.
Poussons-nous de l'agrément.

Chacun comprend ce mot à sa manière.

L'ivrogne se pousse de *l'agrément* en s'empoisonnant avec de l'absinthe à la mesure et le gommeux en crevant d'indigestion dans les restaurants de nuit(Argot du peuple).

AGRICHER : La fille publique qui racole le passant *l'agriche*, corruption d'*aguicher*, agacer (Argot du peuple). *N.*

AGRIPPER : Voler, prendre.
— Pas moyen de faire une affaire avec ce juif-là, sans qu'il ne vous *agrippe* quelque chose.

Se battre, *s'agripper*, synonyme du mot normand, se *crocher* (Argot du peuple).

AIGUILLE : Les grecs de profession nomment ainsi une carte un peu plus longue que les autres, elle est habilement placée en battant les cartes, immédiatement au-dessus du *pont* (la portée), le grec fait couper le joueur sous l'*aiguille*.

Ce vol est pratiqué fréquemment dans les tripots (Argot des grecs). *N.*

AILE DE PIGEON : Dans les bastringues, au Moulin-Rouge ou au Moulin de la Galette, Valentin le désossé ou Charles Merlatti font des *ailes de pigeon*, au *cavalier seul*, ce qu'autrefois on nommait la *pastourelle* (Argot du peuple).

AIMANT (faire de l') : Faire des embarras.
— Fais donc pas tant d'aimant que ça, t'as pas chié la colonne.

Comme superlatif :
— Tu n'as pas le trou du cul ourlé de soie cramoisie.

Avoir de *l'aimant*, homme qui attire les femmes comme *l'aimant* attire le fer.
— Je n' sais pas ce qu'il m'a fait, c't' homme m'attire comme de *l'aimant* (Argot du peuple). *N.*

AIR (avoir de l') : M. Lorédan Larchey dit que cet expression signifie : marcher d'un air inquiet ; ce n'est pas le sens de ce mot, *avoir de l'air* est synonyme d'avoir de l'allure; on dit d'une personne au maintien fier : elle a grand air (Argot du peuple). *N.*

AIR (se donner de l') : Se sauver des mains des agents, s'évader d'une prison, prendre de l'espace (Argot du peuple).

ALÉA : Entreprise qui par un événement imprévu, peut présenter un caractère *aléatoire*.

Aléa est synonyme de *ch..nce* ou de *veine* (Argot des boursiers).

ALÈNES : Tous les instruments employés par les voleurs se nomment ainsi.

Allusion à *l'alène* du cordonnier qui perce les cuirs les plus durs (Argot des voleurs).

ALIÉNER : Renoncer à ses droits sur son capital par suite d'un emprunt (Argot des boursiers)

ALLER AU CARREAU : Aller se faire engager.

En 1714, malgré que la corporation des joueurs de violons eut son bureau rue Saint Martin, 69, ses musiciens ambulants se donnaient rendez vous, tous les dimanches, chez *Zublet* à l'enseigne des *Trois bouteilles*, près de la rue Thévenot, dans la *rue des Petits-Carreaux*, la coutume s'est perpétuée ; ils vont toujours à cet endroit pour se faire engager pour les fêtes et les bals publics.

De là l'expression *aller au carreau* (Argot des musiciens). *N.*

ALLER EN GALILÉE : Quand un auteur fait des corrections qui n'entrent pas dans la ligne ou que le compositeur a fait un *bourdon*, il faut *remanier* le paquet. Le compositeur, furieux, qui y trouve un cheveux, dit qu'il *va en Galilée* au lieu de dire qu'il *va en galée* (Argot d'imprimerie).

ALLER POUR L'ARGENT : De Mirabal, dans son *Dictionnaire du Sport*, donne cette explication :

— Le propriétaire qui parie pour son cheval met sur celui-ci *l'argent de l'écurie.*

Le *cheval marche pour de l'argent* (Argot du *Turf*).

ALLER AU DIABLE AU VERT : Faire une excursion aventureuse. L. L.

On disait anciennement *aller au diable Vauvert*, qui était un château royal situé barrière d'Enfer.

Comme alors il n'y avait pas de communications ou très peu, ceux qui, de Belleville par exemple, se rendaient à cet endroit, disaient : Je vais *au diable au vert*, pour dire : *Je vais au loin.*

L'expression est restée pour indiquer une course éloignée (Argot du peuple).

ALLER EN RABATTANT : Vieillard qui, malgré sa

caducité, conserve des prétentions sur les femmes.

— Comment ! vieux polisson, tu veux encore me faire la cour ! Y a pas mèche, mon vieux : tu *vas en rabattant* comme le tambour des Suisses.

L'allusion est directe (Argot du peuple). *N.*

ALPION : Individu qui triche au jeu, dit Delvau.

Les grecs n'emploient plus cette expression. Je ne la cite que pour mémoire (Argot des grecs).

—ALLER A LA COUR DES AIDES : Expression usitée dans les prisons de femmes. Quand une gougnotte écrit à son *amie*, elle a bien soin de lui recommander de ne pas, pendant son absence, *aller à la cour des aides*, c'est-à-dire de ne pas la *remplacer* (Argot des prisons).

ALLUMÉ (Etre) : Pochard qui commence à avoir sa pointe.

Etre *allumé* par une belle fille.

Etre *allumé* par l'appât d'un gain quelconque (Argot du peuple).

ALLUMETTES : Quand une femme a des jambes minces et qu'elle se retrousse un jour de pluie, les voyous ne manquent pas de lui crier :

— Elle fait sécher son linge sur des *allumettes* (Argot du peuple).

AMARS : Amis, camarades (Argot des voleurs). *N.*

AMAZONE : Femme qui rabat les pontes pour les faire dépouiller par les *grecs* ses complices.

Amazone parce qu'elle *chevauche* à travers Paris et même en province à la recherche des pigeons à plumer (Argot des joueurs).

AMADOUER : Les voleurs à l'américaine, les sociétés financières *amadouent* leurs dupes par des promesses mirifiques pour mieux les voler et les tromper.

On dit aussi *amadouage* pour mariage (Argot des voleurs).

AMADOUER : Les acteurs et les agents de la sûreté qui se griment pour se changer la figure *s'amadouent*.

M. L. Larchey donne à ce mot l'étymologie suivante :

— L'*amadou* était employé autrefois pour jaunir le visage des gueux et mieux apitoyer les passants ; de là *amadouer*.

Aujourd'hui, on se sert du jus de figue pour donner à la face l'apparence de

la jaunisse (Argot des men-
diants). *N.*

AMBASSADEUR : Cordon-
nier.

Celui qui va à domicile
chercher de l'ouvrage, il y
va en *diplomate* (Argot des
cordonniers). *N.*

AMENDIER FLEURI : On
nomme ainsi dans les cou-
lisses le régisseur chargé
de distribuer les *amendes*
aux artistes.

Sous l'Empire, M. Deles-
vaux, le célèbre président
de la 9ᵉ chambre correc-
tionnelle était ainsi désigné
à cause de la facilité avec
laquelle il condamnait les
journalistes à l'*amende*.

L'amende fleurissait en
toutes saisons (Argot des
boulevardiers). *N.*

AMI : Balzac emploie cette
expression pour qualifier
un voleur émérite, dans
ce sens elle est inexacte.
Dans les prisons, si un voleur, doutant d'un de ses
compagnons, fait part de
ses soupçons à un autre,
celui-ci, pour les dissiper,
lui répond : c'est un *ami*.

On dit aussi à un enfant :
fais *ami*, c'est-à-dire :
donne la main (Argot du
peuple). *N.*

AMI DE COLLÈGE : *Collège*,
vers 1830, voulait dire :
prison. Ce mot, qui n'était

pas juste, a été remplacé
par de plus expressifs. En
effet, dans les prisons, les
prisonniers ne sont pas sur
les mêmes bancs, comme
au collège (Argot des vo-
leurs).

AMIRAL : Ce mot était employé dans les bagnes de
Brest et de Toulon avant
que les forçats ne fussent à
Cayenne, il désignait un
couteau, comme les forçats
n'en possédaient pas, ils
avaient trouvé un moyen
ingénieux d'en fabriquer un
en aiguisant sur du grès le
manche de leur cuiller de
fer.

Cette expression n'est
plus usitée (Argot des voleurs).

AMORTISSEMENT : Extinc-
tion par fraction du rem-
boursement intégral d'un
capital (Argot des bour-
siers).

AMPHI : Abréviation d'am-
phithéâtre.

— Je me suis payé un
amphi à l'ambig' pour dix
ronds (Argot des voyous).

ANASTASIE : La censure.
Un petit journal souvent
tracassé, par M. de San-
nois, le censeur officiel,
imagina l'expression d'*anastasie* qui est celui d'un
personnage de vaudeville
pour le qualifier, le mot est

resté (Argot de journalistes).

ANCHOIS (OEil bordé d') : OEil aux paupières rongées par une maladie quelconque qui a fait tomber les cils (Argot du peuple).

ANDERLIQUE : Tonneau de vidange.

Synonyme de *bonbonnière*.

Singulière *bonbonnière*, ou quand on la débouche on en prend plus avec son nez qu'avec une pelle (Argot des vidangeurs).

ANDOUILLE : Suprême imbécile, sans force, sans volonté.

Cette locution est très populaire.

— Mon homme ne sait rien faire, c'est un *andouille* (Argot du peuple).

ANGES (Faiseuses d') : femme qui se livre sur ses clientes à des manœuvres abortives.

Cette expression est très usité depuis un procès célèbre dans lequel était impliquée une sage-femme d'une grande ville du Midi.

C'est elle qui, pour sa défense, allégua qu'il n'y a que les enfants qui ne naissent pas qui vivent heureux (Argot du peuple).

ANGLAISE (Faire une) : mettre la moitié pour payer l'écot.

— J'ai trois ronds, en mets-tu autant pour prendre l'absinthe à *la Tourelle*.

— Je n'ai que deux ronds.

— Alors pas *mèche de faire une anglaise* (Argot du peuple).

ANGLAISE (jouer à l') : deux individus jouent ensemble sur une place passagère, ce sont deux compères, quelques badauds s'arrêtent, regardent et demandent à jouer, car ce jeu est des plus simples. Il s'agit de jeter en l'air, à une certaine hauteur, en les faisant tourner, trois ou quatre sous suivant le nombre de joueurs. On fait au préalable une raie sur le sol. Celui qui arrive le plus près de ce but joue le premier et ainsi de suite. Les *faces* sont pour celui qui jette les sous, les autres rejettent les *piles* jusqu'à ce que les *faces* soient épuisées.

Cela est honnête jusquelà. Mais quand l'un des deux compères voit que le jeu est engagé, il le quitte et parie dix sous ou vingt sous pour les *piles* ou les *faces* que son associé retournera, celui-ci voit d'un coup d'œil ce que son compère a parié, s'il a parié *face*, il fouille adroitement dans sa poche et y prend trois sous à *double faces*, si, au contraire, c'est *pile*, il prend trois sous à *double pile* et le tour est joué.

Pour fabriquer ces sous pipés, c'est facile, deux sous sont usés côté *pile* ou côté *face* sur une meule, de manière qu'en réunissant les deux pièces elles ne forment que l'épaisseur d'une seule, alors elles sont soudées légèrement avec de l'étain.

Ce jeu s'appelle aussi *Monac*, par abréviation de *Monaco* (Argot du peuple) *N*.

ANGLAISE : Pisser à *l'anglaise*, c'est se sauver d'une maison sans saluer les maîtres de céans, M. Larcher attribue cette expression à Zola, cet auteur ne l'a pas inventée, il y a plus de cinquante années qu'elle est usitée (Argot du peuple).

ANGUILLES DE HAIE: Couleuvres.

Pour certains Borgias de banlieue, la *couleuvre* est à l'*anguille* de Seine, ce que le chat de gouttière est au lapin.

Fausse matelotte et fausse gibelotte (Argot du peuple) *N*.

ANISETTE DE BARBILLON : Eau.

Expression usitée dans les prisons.

—Mon pauvre *aminche*, pas le *rond* pour me payer un verre de *pichenet* à la cantine, j'en suis réduit à *lamper de l'aniselle de barbillon*.

Allusion au poisson de ce nom qui vit dans l'eau claire (Argot des voleurs).

APAISER : Les voleurs et les assassins font parfois preuve d'atticisme dans leurs expressions.

— Si le *pante* se *rebiffe* et *crible à la grive*, fous lui un *ball* coup de 22 et *apaise* le.

Mot à mot *apaisée* pour *assassiné*.

C'était la théorie de Lacenaire *d'apaiser* les gens de cette manière (Argot des voleurs).

APPAREILLER : s'en aller.

Terme employé dans la marine pour indiquer que le vaisseau sort du port (Argot des marins).

APPELER AZOR : Siffler un acteur.

L'expression est de Frédéric Lemaître. A la première représentation de *Zaccharie*, il fut si atrocement sifflé qu'il disait en riant :

— Les mufles qui *appellent Azor*. (Argot des acteurs.)

APPLIQUE : Portion de décors qui se place sur les

portants à l'entrée des coulisses.

On nomme également *appliques* des torchères qui se plaquent sur les murs (Argot des acteurs).

APLOMB (Avoir de l') : Synonyme de *toupet*, d'*audace*.

— Il a un rude *aplomb* de voler en plein jour. (Argot du peuple.)

APLOMB (Etre d') : Gas solide qui, grâce à sa force, ne redoute rien : Il est d'*aplomb*. (Argot des souteneurs.) *N.*

APOTHICAIRE SANS SUCRE : On sait que le sucre joue en pharmacie un grand rôle et qu'un pharmacien sans sucre c'est comme une locomotive sans vapeur.

De là l'expression pour désigner un marchand quelconque qui n'a pas de marchandises dans son magasin (Argot du peuple).

APPUYER : Abaisser un décor, le faire descendre des frises sur la scène. *A. D.*

Appuyer est pris dans un autre sens :

— Je vais m'*appuyer* six heures de chemin.

— Je vais m'*appuyer* ce vieux *birbe* sur l'estomac. Quelle corvée !

— Je vais m'*appuyer*

un *litron*. (Argot du peuple.) *N.*

AQUATIQUE (Coup de fer) : Quand il pleut sur un chapeau de soie haut de forme, il devient luisant comme s'il sortait des mains du chapelier : c'est le *coup de fer aquatique* (Argot du peuple). *N.*

AQUIGER LES BRÊMES : Faire une légère entaille aux cartes, afin de les reconnaître au toucher.

Synonyme de *biseauter*.

L'*aquigage* peut se pratiquer au moyen des ongles.

C'est une variété de la *markouse* (Argot des voleurs).

AQUIGEUR D'ORNIE : Maraudeur qui opère sur les basses-cours dans les villas et dans les fermes.

Mot à mot : *Aquigeur*, voleur ; *Ornie*, abréviation d'*Ornichon*, volailles (Argot des voleurs).

ARBALÈTE D'ANTONNE : Croix d'église.

Arbalète, croix de cou qu'on nommait autrefois une jeannette.

L'image est juste : les deux bras de l'*arbalète* figurent exactement une croix.

— Tiens, regarde donc le *ratichon* qui *bécote* le

père la Tuile, qui *pionce* sur l'*arbalète* (Argot des voleurs).

ARRANGEMANN : Arranger quelqu'un, le battre, le voler.

Se faire *arranger* par une femme.

Changement de finale (Argot du peuple).

ARANTÉQUE : pièce de deux francs.

C'est le mot *quarante* retourné (Argot des voleurs).

ARBI : Arabe. Expression employée par tous les anciens troupiers qui ont fait les campagnes d'Afrique.

Ils disent aussi *Arbico* qui est le diminutif d'*Arbi*, comme nous disons *petiot* pour *petit* (Argot du peuple).

ARBIF : En colère suivant A. Pierre.

L'expression n'est pas exacte, c'est *rebiffer* qu'il faut dire (V. ce mot) (Argot du peuple).

ARBITRAGE : Opération qui consiste à vendre une valeur de son portefeuille et à lui substituer un autre titre donnant le même revenu, coté moins cher ou coté le même prix, mais plus avantageux au point de vue de la sécurité ou des chances d'amortissement.

L'*arbitrage* consiste aussi dans les opérations traitées par les banquiers qui profitent de la différence des changes d'une place à l'autre, pour acheter ou vendre du papier d'une place étrangère suivant les cours pratiqués (Argot des boursiers).

ARCHE DE NOÉ : Académie française disent plusieurs dictionnaires.

M. Lorédan Larchey dit que les faubouriens ne connaissent pas cette expression.

Ils la connaissent fort bien, seulement elle ne sert pas à désigner l'Académie, elle est employée pour qualifier certaines brasseries tenues par des femmes, en effet, dans la salle se réunissent toutes sortes de bêtes. Les *vaches* sont des servantes, leurs amants de cœur sont des *poissons*, les consommateurs sont des *cochons*, des *boucs* et des *veaux*, souvent ils sont des *oies* et des *daims*, surtout des *pigeons*, la patronne est une vieille *bigue*. Comme on le voit l'*arche de Noé* est au complet, et le voyou parisien qui ne manque pas d'esprit, a parfaitement saisi l'image.

L'*Arche de Noé* est au

contraire un mot populaire. (Argot du peuple). *N*.

ARCHET : Tige d'acier emmanchée dans un manche de bois, à l'extrémité du manche est fixé un fil d'Archal. L'ouvrier l'enroule sur une bobine, et par un mouvement de va et vient il imprime un mouvement de rotation à la bobine qui contient un forêt : cela se nomme percer le fer en jouant du violon (V. ce mot) (Argot d'atelier). *N*.

ARCHIPOINTU : Archevêque. Cette expression est vraiment par trop fantaisiste. *Archi* est un préfixe qui veut dire beaucoup. Comme superlatif on dit : il est *archibête*, plusieurs fois bête. *Pointu* signifie individu bilieux qui *ronchonne* sans cesse, à qui rien ne plaît, bâton merdeux qu'on ne sait par quel bout prendre. — Tu n'es jamais content, sale pointu. Pas moyen de vivre avec, il est *archi-pointu*. Voilà le vrai sens du mot (Argot du peuple). *N*.

ARÇONNER : Parler à quelqu'un impérativement, le harceler jusqu'à tant qu'il réponde (Argot des voleurs).

ARDENT : La chandelle (Argot des voleurs).

ARGOUSIN : Le contremaître qui est chargé de surveiller les ouvriers. Allusion au *garde-chiourme* chargé de surveiller les forçats. On désigne aussi les gendarmes et les sergents de ville sous le nom d'*argousins* (Argot du peuple).

ARGUCHE : imbécile qui croît tout sur parole (Argot du peuple).

ARMOIRE : Un bossu. Il porte son *armoire* sur son dos (Argot du peuple).

ARNELLE : Rocien (Argot des voleurs).

ARPAGAR : Arpajon (Argot des voleurs).

ARQUEPINCÉ : Être pris. — Je suis *pigé* au *demi-cercle*. Ces deux expressions sont très populaires. — Qu'est-ce que tu as donc. ma pauvre vieille branche, tu deviens sec comme un copeau ? — J'ai rencontré une *bath marmotte*! je suis *arquepincé*. Ici c'est le cœur qui est pris (Argot du peuple). *N*.

ARRACHER UN PAVÉ : Les paveurs ont une peine infinie pour *arracher un pavé*, surtout le premier. Dans le peuple, pour expliquer que l'on a rempli son devoir conjugal, on dit :

— Ce matin, j'ai *arraché un pavé*, on dit également *arracher son copeau* (Argot du peuple). *N.*

ARROSER (s') : Synonyme de s'humecter le gosier.

— Je me suis *arrosé la dalle* (Argot du peuple).

ARSOUILLE : Du vieux mot *souillart*.

Cette expression désigne les gens à goûts crapuleux, qui se plaisent à vivre dans la boue.

C'est un mot exclusivement faubourien.

Il y eut des *arsouilles* célèbres : lord Seymour, surnommé *Milord l'arsouille*, à la descente de la Courtille, des fenêtres du marchand de vin qui avait pour enseigne : *Aux Vendanges de Bourgogne*, jetait à la foule des pièces de dix sous qu'il faisait chauffer dans l'huile bouillante. Il se faisait ramener de la *Chaumière des Briards* (cours de Vincennes) à son hôtel, ivre - mort, couronné de fleurs, dans un tombereau de boueux escorté de tous les chiffonniers qu'il ramassait sur sa route.

Lord Seymour était le Rodolphe du ruisseau.

On dit d'un homme de condition qui, par goût, vit dans les bas fonds : il s'*arsouille* (Argot du peuple).

ARTIE : Pain.

Cette expression se trouve dans Olivier Chéreau : *Le langage de l'argot réformé publié au XVI· siècle* (Argot des voleurs).

ARTILLEUR : Pochard invétéré.

Ce mot n'a plus cours aujourd'hui, parce que les marchands de vins ne vendent plus de *canons*.

Il était en vogue autrefois pour désigner les ivrognes habiles à la *manœuvre du canon* (Argot du peuple).

ARTILLEUR DE LA PIÈCE HUMIDE : Rigaud dit que ce sont les pompiers que l'on nomme ainsi. C'est une erreur : ce sont les *infirmiers*, qui manœuvrent la *seringue* (pièce humide) avec dextérité (Argot du peuple). *N.*

ARTONNER : Tromper la police.

Arton, qui fut si longtemps insaisissable, a l'honneur de ce mot :

— Depuis six *marqués*, j'*artonne l'arnaque* (Argot des voleurs). *N.*

ASINVER : Assommer, abrutir un individu (Argot des voleurs). V. *Sinves*.

ASINVER : Veut dire *simple*.

Mot à mot : *Abrutir* un individu par les coups ou la séquestration jusqu'à le rendre incapable de comprendre ses actes.

Il est alors *asinver* (Argot des voleurs).

ASTICOT : *Marmite* du souteneur.

Comme le pêcheur à la ligne, il amorce le *miché* avec son *asticot* (Argot du souteneur).

ASTICOTER : Ennuyer quelqu'un avec des mots à double entente, le cribler d'épigrammes, l'*asticoter* pour le faire mettre en colère.

— Quand tu auras fini de *m'asticoter*, tu *fermeras ta boîte.* (Argot du peuple.)

ASTIQUAGE A LA BOUGIE (L') : C'est un genre de travail tout spécial. Les ouvrières qui s'y livrent se tiennent pendant la journée sur le terre-plein de la rue de Rivoli, presque en face l'église Saint-Paul. L'atelier est une chambre d'hôtel garni de la rue Saint-Paul (Argot du peuple). *N.*

ASSIETTE AU BEURRE (Avoir l') : Etre au pouvoir, dans les honneurs, s'engraisser, s'arrondir la panse et s'enfler les poches.

Une ancienne chanson dit :

C'est pas toujours les mêmes
Qu'auront l'*assiette au beurre.*

La chanson n'a pas été prophète, car, depuis vingt-cinq ans que cette expression a cours, c'est toujours les mêmes qui ont la *fameuse assiette*, même la *soupière* (Argot du peuple). *N.*

ATTACHES BRILLANTES : Boucles de souliers en diamant (Argot des voleurs). *N.*

ATTACHES DE GRATOUSSE : Jabot de dentelles (Argot des voleurs.)

ATTAQUE (être d') : Homme fort.

Encore une expression attribuée à tort à Zola. il a employé le mot dans l'*Assommoir*, mais dans les faubourgs, il est en usage depuis le commencement de ce siècle :

— C'est un homme d'*attaque*, c'est un ouvrier d'*attaque* (Argot du peuple).

ATTRAPER : Quand un mauvais acteur est sifflé, qu'il reçoit chaque fois qu'il ouvre la bouche une bordée de sifflets et une avalanche de trognons de pommes, les bons petits camarades le plaignent d'être *attrapé* (Argot des acteurs).

ATTRAPER L'OGNON : Séparer deux personnes qui se battent et recevoir le coup destiné à l'adversaire

Payer pour les camarades sans le sou.

On dit également : *ramasser la sauretle* ou *gober le bouillon* (Argot du peuple).

ATTIGÉ : Synonyme *d'écopper.*

Etre *attigé,* être gravement blessé.

— Ah ! ce que le cochon m'a *attigé,* j'en ai vu trente-six chandelles (Argot du peuple).

ATTRAPE-SCIENCE : Boutmy dit que c'est un apprenti compositeur, pas du tout, c'est un *apprenti cordonnier.*

Le baquet ou le cordonnier met tremper son cuir et sa poix se nomme le *baquet de science,* de là *attraper* la science (Argot des cordonniers). *N.*

ATTRAPER LE LUSTRE : Quand un chanteur est aphône, il ouvre une bouche grande comme une porte cochère pour avoir la note rebelle.

De là *batller au lustre* (Argot des coulisses).

ATTRIMER : Attirer à soi, prendre.

Synonyme de voler (Argot des voleurs).

AUTAN : Grenier, vient de *hauteur,* élevé.

Le grenier est le dernier étage de la maison.

— Il faut nous *planquer* dans l'*autan* de la *garnaffe,* il y a un bon *chopin* à faire (Argot des voleurs).

AUSTO : Salle de police.

Ce mot s'orthographie de deux manières.

Les voleurs disent *l'hosteau* (prison).

Les troupiers disent *ousteau.*

Mais le vrai mot est bien *aùsto* (Argot des troupiers).

AUTEL : Le *zinc* du *mastroquet* est *l'autel* du pochard, il y sacrifie au dieu Bacchus (Argot du peuple) *N.*

AUTEL DE PLUME ? Le lit.

C'est un très vieux mot.

Une ancienne chanson nous dit :

A Damon vous avez tout permis,
Pour l'hymen qu'il vous avait promis ;
Mais, Iris savez-vous la coutume ?
Avez-vous pu l'en croire à son serment ?
Ceux que l'on fait sur un *autel de plume*
Sont aussitôt emportés par le vent

(Argot du peuple).

AUTRE (Être l') : Être *roulé* dans une affaire.

Allusion au mari cocu qui est *l'autre*.

Rester en plan pour payer l'écot quand les camarades ont *pissé à l'anglaise*, c'est être *l'autre* (Argot du peuple). *N.*

AUTOCARS : Mot composé.

Auto du grec Λυζος *autos*, par soi-même.

Car, anglais, diminutif de *carriage* (voiture).

Expression nouvelle employée sur les vélodromes pour désigner les voitures automobiles qui prennent part aux courses (Argot des cycliste) *N.*

AUVERGNAT (Avaler l') : Communion.

L'hostie n'a pourtant rien de commun avec le charbonnier (Argot des voleurs).

AVARO : Accidents auxquels on ne s'attendait pas.

Synonyme *d'accroc.*

— Il m'arrive une foule *d'avaros*, que c'est à dégoûter de l'existence (Argot du peuple).

AVERGOT : Œuf (Argot des voleurs).

AVESPRIR : faire nuit.

Expression très ancienne et très populaire dans le peuple qui, pourtant, n'a guère de notions astronomiques pour savoir que *Vesper* est l'étoile de Vénus (Argot du peuple).

AVOCASSIER : Avocat bavard, qui parle pour ne rien dire. Synonyme de *Bafouilleur* (Argot du Palais) *N.*

AVOCASSON : Petit avocat qui plaide habituellement pour les charbonniers qui vendent à faux poids ou pour les laitiers qui falsifient leur lait (Argot du Palais). *N.*

AVOCAT BÉCHEUR : Dans les ateliers de composition typographique, quand un compagnon dit du mal des autres ou qu'il *bêche* avec persistance, on dit que c'est un *avocat bécheur* (Argot d'imprimerie).

AVOINE DE CURÉ : quand on met beaucoup de *poivre* dans sa soupe, on dit :

— Tu as donc besoin *d'avoine de curé* ?

On connaît les propriétés excitantes du poivre. . . . . (Argot du peuple).

AVOIR LA PEAU TROP COURTE : Péter en se baissant (Argot du peuple).

AVOIR LE BRAS LONG : Cette expression populaire

désigne un personnage important.

Par ironie, on dit :

— S'il a *le bras si long que ça*, ton protecteur, il ne pourra pas retirer ma montre qui est tombée dans les lieux ! (Argot du peuple). *N.*

AVOIR LE COMPAS DANS L'OEIL : Ouvrier adroit qui réussit un ouvrage du premier coup sans avoir pris ses mesures.

Les envieux, pour blaguer, ajoutent : *S'il a le compas dans l'œil, il n'a pas l'équerre dans le cul* (Argot du peuple). *N.*

AVOIR L'ÉTRENNE : S'offrir une chose neuve.

Elle me dit : « Mon vieux,
Pâme-toi si tu veux,
Tu n'en auras pas l'*étrenne*. »

Faire *étrenner* un camarade, lui flanquer une bonne volée (Argot du peuple). *N.*

AVOIR LE FIL : Un couteau qui coupe bien a le *fil*.

Un individu rusé, malin, possède le *fil*.

— Y a pas moyen de lui mettre à ce *gonce-là*, il a le *fil*.

Avoir le fil, être au courant de toutes choses et être constamment en éveil (Argot du peuple). *N.*

AVOIR MAL AUX CHEVEUX : Cela arrive généra-lement les lendemains de paye, quand la soulographie a été trop forte.

Avoir mal aux cheveux, c'est avoir mal à la tête (Argot du peuple).

AVOIR MANGÉ DE L'OSEILLE : Etre fielleux qui n'ouvre jamais la bouche sans prononcer une parole amère (Argot du peuple).

AVOIR MANGÉ SES PIEDS : Puer de la bouche (Argot du peuple).

AVOIR PAS INVENTÉ LE FIL A COUPER LE BEURRE : Expression employée pour qualifier un imbécile, un maladroit qui gâte tout ce qu'il touche, qui ne trouverait pas d'eau dans la Seine.

On dit également : *Il n'a pas inventé la poudre* (Argot du peuple).

AVOIR LA LANGUE BIEN PENDUE : Se dit d'un bavard intarissable qui parle de tout à propos de rien et de rien à propos de tout.

On dit encore *il n'a pas la langue dans sa poche*, ou bien *celle qui t'a coupé le filet n'a pas volé ses cinq sous* (Argot du peuple). *N.*

AVOIR UNE PENTE : Etre pochard et festonné en route.

Allusion à ce que le corps *penche* tantôt à droite, tantôt à gauche.

Une ancienne chanson (1844) dit :

Un dimanche que l'jus de la
| futàille
M'avait vraiment tapé l'cerveau
J'men allais comm' un' franch'
| canaille
Sans pouvoir trouver mon *ni-*
| *veau.*

(Argot du peuple).

AVOIR LE FOIE BLANC : Etre lâche, peureux comme un lièvre.

Synonyme de l'expression : Il n'a pas de cœur.

Avoir le foie chaud, veut dire amoureux à l'excès (Argot du peuple). *N*

AVOIR DEUX AUNES DE

BOYAUX VIDES : Gourmand qui a toujours faim, ou malade atteint de la *Boulemie.*

Dans les ateliers de peintres on cite l'exemple de Thomas l'Ours, un modèle qui mangeait deux pains de quatre livres et qui buvait un seau de vin en guise d'apéritif ; la légende raconte qu'un jour il mangea un terre-neuve mort de la rage (Argot du peuple). *N.*

AVOIR ENCORE (l') : locution employée pour dire d'une jeune fille qu'elle est vierge.

— Elle est sage comme une image, *elle l'a encore* (Argot du peuple).

B

BABA : Rester *Baba* c'est être étonné d'une chose.
Avoir eu peur, j'en suis encore *Baba*.
Baba pour *Abasourdi* (Argot du peuple).

BABILLARD : Bavard sempiternel qui vous assourdit de son vulgaire *babi*.
La *babillarde* est la lettre écrite, le *babillard* est la lettre parlée (Argot du peuple) *N*.

BABILLARDE VOLANTE : Message téléphonique.
Allusion à la vitesse du message.
Babillarde, lettre *volante*, rapidité (Argot du peuple). *N*.

BABILLARDES (Trimballeurs de) : le facteur des postes.
Allusion à ce qu'il *trimballe* les lettres de portes en portes (Argot du peuple). *N*.

BABILLAUDIER : Libraire.
Cette expression vient de *babillard*, livre (Argot du peuple).

BABINES : La Bouche.
Le fricot est tellement bon qu'on s'en lèche les *Babines*.
On dit aussi on s'en est fait péter les *badigoinces* (Argot du peuple).

BABOIN : Injure adressée à une personne laide qui équivaut à *vilain singe*.

Babouin, petit bouton qui vient aux lèvres après avoir bu dans un verre malpropre.

— Sa gueule est juteuse, elle est pleine de *Babouins* (Argot du peuple).

BAC : Abréviation de *Baccarat*.

— Taillons-nous un petit *Bac*, également abréviation de baccalauréat.

— Je vais passer mon *Bac* (Argot du gommeux et des collégiens) *N*.

BACCHANAL : Tapage, bruit, vacarme.

Dans la pièce du *Juif Errant*, la reine Bacchanal, la compagne de *Couche-Tout-Nu*, chantait :

Gais enfants du carnaval
Que l'plaisir entraîne
Je suis votre souveraine
La reine *Bacchanal*.

Bacchanal vient des fêtes que donnaient les *Bacchant·s* en l'honneur de *Bacchus* (Argot du peuple).

BACHASSE : Bateau, et aussi *galère* (le bagne).

— Tu *calancheras* en *bachasse* puisque t'es *fagot à perte de vue* (Argot des voleurs).

BACHASSE : Le bagne.

— J'ai un *bouchon* à tirer à *bachasse* (Argot des voleurs) *N*.

BACHE : enjeu (Argot des grecs) V *Emporteur*.

BACHOT : Abréviation de baccalauréat.

Se préparer à passer son *bachot* (Argot des collégiens).

BACHOTEUR : Professeur qui prépare les élèves pour les examens du baccalauréat.

On dit également *bachotier*, mais *bachoteur* est plus juste, car c'est une allusion à celui qui conduit le *bachot* (Argot des collégiens). *N*.

BACKER : A l'encontre du bookmaker, qui reçoit indistinctement les paris pour tous les chevaux engagés dans une course, le *Backer* ne parie jamais que pour un seul cheval (Argot du turf).

BACREUSE : La poche.

C'est une d·formation de langage. *Creuse* serait suffisant (Argot du peuple).

BADERNE (Vieille) : Bon à rien, bon à tuer, qui ne peut plus rien produire ni moralement ni physiquement

Baderne est un paillasson fabriqué avec de vieux cordages (Argot du peuple).

BADIGEON : Couche de fard que les femmes se plaquent sur la figure.

Elles se *badigeonnent*.

Allusion au *badigeonnage* des façades des maisons (Argot du peuple).

BADINGUE : Vient de *Badinguet*, le maçon qui prêta sa blouse à Napoléon III pour s'enfuir du fort de Ham.

Par abréviation de *Badinguet*, on a fait *Badingue* :

Le père et la mère Badingue,
A deux sous tout le paquet;
Le père et la mère Badingue
Et le petit Badinguet !

Par extension, on a fait *Badingoin*, *Badinguiste* et *Badingueusard* (Argot du peuple).

BAGNOLE : Chapeau de femme que l'on retape au Temple avec de vieilles fleurs et de vieux rubans :
— Elle a une sale gueule sous sa *bagnole* d'occas' ! (Argot du peuple.)

BAGOTIERS ou PISTEURS : Sont les gens qui filent les voitures, soit qu'elles sortent des gares, soit qu'elles y aillent chargées de bagages. Ils proposent d'aider le cocher à les décharger : de là un pourboire qui varie entre un franc et deux francs.

Il y a 2,000 *bagotiers* à Paris : 500 seulement exercent toute l'année (Argot des voleurs). N.

BAGOUL : Nom propre (Argot des voleurs).

BAGOUL : Faux nom.

Cela est assez difficile à accorder : une expression dit *nom propre*, l'autre *faux nom*. C'est, je crois, cette dernière qui est la bonne (Argot des voleurs).

BAGOULARD : Bavard,

Ce mot ne vient pas de *bagoult*, c'est *débagoulard* le vrai mot.

— Il a *débagoulé* une heure sans cracher (Argot du peuple).

BAGUENAUDES RONDOUILLARDES : Avoir ses poches pleines d'argent (Argot du peuple),

BAGUENOTTE : Portefeuille.

C'est une corruption de *Baguenaude*, le portefeuille n'est en effet qu'une poche (Argot des voleurs).

BAGUETTES DE TAMBOUR : Jambes maigres.

Quant un individu a des cheveux rétifs, indociles au peigne, on dit qu'il *frise comme des baguettes de tambour* (Argot du peuple) N.

BAHUTER : rire, s'amuser.

Vieux mot français que

nous avons modernisé en changeant le *B* en *C* et en ajoutant un H, ce qui fait *chahuter* (Argot des bastringues).

BAIGNEUSE : La tête (Argot des voleurs).

BAILLER AUX CORNEIL-LES : Imbécile qui flâne dans les rues sans motif et qui regarde sans cesse en l'air.

Il *baille aux Corneilles* (Argot du peuple) *N*.

BAIN-MARIE : Femme tiède à qui l'homme ne produit pas de sensation.

— Elle est *tiède* comme le *bain-marie*.

Mot à mot elle n'approche pas du feu (Argot du peuple).

BAIN DE PIEDS : Quand le garçon verse le café dans la tasse, il y a des consommateurs gourmands qui demandent le *bain de pieds*, c'est-à-dire que le café déborde dans la soucoupe (Argot des bourgeois).

BAISSER UNE ESPACE QUI LEVE : Dans les ateliers de typographie quand un camarade envoie chercher un litre par l'apprenti, il le met sous son rang — — le prote n'aime pas que l'on boive pendant le travail — et verse une rasade

et fait dire au copain qu'il veut régaler :

— Viens donc *baisser une espace qui lève*.

Synonyme de lever le coude (Argot d'imprimerie) *N*.

BAISSIER : Boursier qui spécule sur la *baisse* des valeurs, qui vend des valeurs qu'il ne possède pas afin de les déprécier sur le marché.

Le *baissier* n'a pas de patrie, il n'a que des intérêts, il emploie tous les truc imaginables, le coup de la fausse nouvelle lui est familier.

Le *baissier* est la *chenille* de la Bourse (Argot des boursiers).

BAJAF : Grosse personne à la respiration courte et difficile qui souffle comme un phoque.

En soufflant il gonfle ses *jaffes* (joues).

Gros bajaf est synonyme de *poussah* (Argot du peuple).

BAL (être dans le) : Etre pris, pincé, bon pour la prison.

Les voyous disent : *il y a du pet dans le bal*.

Bal, abréviation de *Ballon* (prison) argot du peuple). *N*.

BALADE : Faire une *balade*. Aller en *Balade*.

— Aujourd'hui, je ne *turbine* pas, je vais *balader* ma viande qui commence à sentir le moisi (Argot du peuple).

BALADER (envoyer) : envoyer un fâcheux se promener.

Balader, flaner au hasard, choisir un endroit pour commettre un vol (Argot des voleurs).

BALADEURS DE BIDOCHE : On nomme ainsi les garçons bouchers qui livrent la viande aux débitantes.

Par extension on nomme *Baladeuse de bidoche*, nourrice qui promène les enfants dans les jardins publics (Argot du peuple). *N.*

BALADEUSE : Petite voiture à bras que poussent les marchandes des quatre-saisons.

Pour écouler leurs marchandises elles *baladent* dans tous les quartiers de Paris (Argot du peuple).

BALAI (donner un coup de) : renvoyer ses ouvriers, faire faire place nette dans un atelier.

Balai veut également dire agent de police.

Ils font des rafles et *balayent* la rue (Argot du peuple).

BALANCER SA CANNE : *Giverneur*, se faire voleur.

Le chemin n'est souvent pas bien long à faire.

La chanson du *gouapeur et du voleur*, dit :

Du grand Prévot j'aime la chi-
| cane.
Adieu, pègre, adieu, du bon-
| heur,
Le Voleur,
Va, crois moi, *balance ta canne*
Fais-toi voleur.

(Argot des voleurs).

BALANCER SA MARMITE : Renvoyer sa maî resse quand elle commence à vieillir et que la *galette* n'*aboule* plus (Argot des souteneurs).

BALANÇOIRE : Mauvaise plansanterie, *Blagues* que débitent les pitres dans les foires (Argot du peuple).

BALAUDER : Mendier.

C'est une corruption de *Balader*, comme *Berlauder* (Argot des voleurs).

BALAYÉ : On *balaye* une foule à coups de canon.

On *balaye* des ouvriers qui ne font pas l'affaire du patron.

On *balaye* la femme quand elle est devenue par trop gênante.

Balayé, synonyme de *nettoyage* (Argot du peuple). *N.*

BALAYEUSE : Bande de mousseline ou de linon que les femmes ajoutent à la *traîne* de leur jupe.

Mot à mot, elles *balayent* les trottoirs (Argot du peuple).

BALCONNIER : Vient de *balcon*.

Cette expression fut appliquée à Gambetta qui parlait souvent du haut d'un *balcon* à la foule.

Balcon vient d'un radical qui se trouve dans l'italien *balco*, *palco*, qui veut dire échafaud. En basse latinité, *balous* en ancien haut allemand *balcho*, *palcho*, qui veut dire poutre.

Il y eut à Paris un *quai des Balcons*, ce nom lui fut donné en 1650.

En 1792, on le nomma *quai de la Liberté*, il se nomme aujourd'hui le *quai de Béthune* (île Saint-Louis)(Argot du peuple) *N.*

BALLE : Être à la *balle*, être au secret (Argot du peuple).

BALLE : La figure.
— Il a une bonne *balle*, il doit être facile à fabriquer.
— Il a une *balle* à coucher dans la rue (Argot du peuple).

BALLE (se la renvoyer) : Nier, ne pas vouloir convenir d'une chose, accuser son complice : Ce n'est pas moi, c'est lui ; c'est lui ce n'est pas moi (Argot du peuple).

BALEINE : Gueulard.
— Il braille comme une *baleine* (Argot du peuple).

BALOCHARD : Synonyme de *rigolard*, ouvrier qui aime à s'amuser (Argot du peuple)

BALOCHE : Testicules.
Allusion au *ballottage* (Argot du peuple). *N.*

BALLON A CELLOTE : Le panier à salade, voiture cellulaire qui donne aux détenus l'avant-goût de la prison (Argot des voleurs).

BALLOT (avoir son) : Chômage.
Ce devrait au contraire vouloir dire: *Travail*, car, lorsque le tailleur en a, il reporte son *ballot* et ne *chôme* pas (Argot des tailleurs).

BALLOTTER : Quand une femme a des seins mous comme de vieilles blagues, ils *ballottent* dans son corset.
Les voyous disent :
— Mince de *ballottage* (Argot du peuple).

BALOUF : Homme lourd.
Corruption de *balourd*,

lourdeau (Argot du peuple).

BALTHAZAR : Festin à tout casser.

Pour les gourmands, s'offrir un *Balthazar*, c'est la joie suprême.

Allusion au célèbre festin de ce nom (Argot du peuple).

BAMBOCHE : Faire la noce, se mettre en *bamboche* (Argot du peuple).

BANBAN : Avoir une jambe plus courte que l'autre, boîter.

On dit aussi *bancalo*.

— Il ou elle marche *banban* (Argot du peuple).

BANC : Le lit de camp.

Expression employée autrefois dans les bagnes par les forçats (Argot des voleurs).

BANCS (en battre) : Mentir.

Allusion aux aubades données par les tambours à leurs officiers, le 1er janvier et le jour de leur fête dans le but d'avoir un pourboire (Argot du peuple).

BANCROCHE : Etre difforme, qui a les jambes en manches de vestes (Argot du peuple).

BANDE D'AIR : Les machinistes dans les théâtres appellent *bande d'air* une bande de toile (frise) peinte en bleu pour figurer le ciel (Argot des coulisses).

BANDE NOIRE : Association d'individus qui achètent toutes sortes de marchandises à crédit et les font vendre au comptant par des complices établis.

Les marchands de vins en gros et les marchands de cuirs sont plus spécialement victimes de ces gredins (Argot du peuple). *N.*

BANNIÈRE (être en) : N'avoir que sa chemise.

Allusion aux pans qui flottent au vent comme une *bannière* (Argot du peuple).

BARBETTE : Les fortifications.

Vieux mot français.

Lorsque la rue *Barbette* dont il existe encore une tourelle, marquait les fortifications de Philippe-Auguste, on disait :

— La porte *Barbette* (Argot des voleurs).

BARBEROT : Barbier (Argot des bagnes).

BARBEAU : Souteneur quand il est jeune.

Diminutif de *barbillon* (Argot des souteneurs).

BARBE A POUX : *Barbe* de capucin, *barbe* en broussaille, longue, sale et crasseuse, dans laquelle jamais le peigne ne pénètre ; les *poux* peuvent y nicher à l'aise sans crainte d'être dérangés.(Argot du peuple) *N.*

BARBET : Chien à long poil.

On dit d'un homme qui *bat le briquet:*

— Il est crotté comme un *barbet* (Argot du peuple) *N.*

BARBISTE : Elève de l'Institut *Sainte-Barbe* (Argot des étudiants).

BARBOTE : Quand un prévenu ou un condamné est écroué, avant d'être envoyé en cellule il passe à la *fouille*, cette visite se nomme *barbote.*

On dit le *fouilleur* se livre au *barbot* (Argot des voleurs).

BARBOTIN : Guichetier (Argot des voleurs).

BARBUE : On connaît l'histoire de Mme Doche avec le général Fleury, le grand pourvoyeur des plaisirs de l'empereur.

Il vint lui faire la proposition de passer une nuit aux Tuileries, elle lui répondit :

— Je vais te faire voir les *trois poissons*, regardes toi dans la glace, tu vois le *maquereau...* je ne puis expliquer la *raie* et la *barbue* (Argot du peuple) *N.*

BARAQUE : Avant 1870, les vieux soldats portaient par sept années de service, sur la manche, un *chevron* qui simulait le profil d'un toit de *baraque* (Argot du troupier).

BARRE : Avoir *barre* sur quelqu'un, c'est connaître ses secrets de manière à le dominer (Argot du peuple). *N.*

BARRE (comparaître à la) : C'est passer devant un tribunal ; en effet, une *barre* de bois ou de fer sépare les prévenus du tribunal (Argot du Palais). *N.*

BARRER (se) : Se sauver.

— Quand la *rousse* a voulu me *chauffer*, je me suis *barré.*

Synonyme de *garer* (Argot du peuple). *N.*

BARIL DE MOUTARDE : Le cul.

L'allusion est assez grossière pour qu'il ne soit pas nécessaire de l'expliquer (Argot du peuple).

BAROMÈTRE : La médaille des députés.

Pour le coiffeur ou l'ouvrier chapelier qui quitte son rasoir ou son tablier, par un caprice du Suffrage universel, la *médaille* qu'il a dans sa poche marque le beau fixe pendant quatre ans.

Elle est pour lui le *baromètre* du bonheur (Argot du peuple). *N.*

BAS-OFF : Adjudant sous-officier.

L'allusion est facile à saisir.

Mot à mot : *bas officier* (Argot des troupiers).

BASTIMAGE : Travail (Argot des voleurs).

BASTRINGUE : Etui d'argent dans lequel les voleurs cachent les petits instruments, limes, scie, tournevis et autres objets qui leur servent à s'évader (Argot des voleurs).

BASTRINGUE : Scie en acier trempé spécialement pour scier le fer.

Allusion au bruit qu'elle fait.

— Nom de dieu, ta scie fait un rude bastringue (Argot des mécaniciens). *N.*

BATAILLE (le champ) : Tapis sur lequel les joueurs font leur partie, c'est en effet un *champ de bataille* où les adversaires luttent (Argot du boulevard). *N.*

BATTANTE : La cloche qui tinte à l'*Angelus* ou pour la messe.

— Allusion au *battant* de la cloche (Argot du peuple).

BATH (Être de la) : N'avoir rien à envier, être heureux comme le poisson dans l'eau (Argot du peuple).

BATEAU : promettre à quelqu'un des choses merveilleuses et en remettre la réalisation de jour en jour.

— Les députés mènent les électeurs en *bateau*.

Vient du vieux mot : *Bateleur*, farceur (Argot du peuple).

BATIAU : Arranger avec soin son bordereau pour le *salé*.

Quand un compositeur *aligne son batiau*, c'est qu'il veut se préparer une belle banque (Argot d'imprimerie).

BATIMENT (en être) : exercer la même profession.

— Il s'y connaît, il est du *bâtiment* (Argot des ouvriers).

BATON DE CHAISES (mener une vie de) :

Faire la noce, boire et manger jusqu'à son dernier sou (Argot du peuple).

BATON BLANC : Cette expression doit être très ancienne, elle date certainement du temps où il fallait suivre en prison, sans résistance, le sergent du guet qui vous touchait de sa baguette, comme les constables, opèrent encore aujourd'hui en Angleterre, par extension *baton blanc* qualifiait le commissaire de police.

M. Lépine, préfet de police en 1897, ressuscita le *baton blanc* comme emblème de l'autorité entre les mains des sergents de ville qui font circuler les voitures pour éviter les encombrements (Argot des voleurs). *N.*

BATTEUR : Synonyme de *chiquer contre.*

Dire le contraire de ce que l'on pense (Argot du peuple).

BATTEUR : Le fainéant est un *batteur* de couverture.

Dire ce que l'on ne pense pas, mentir, c'est un *batteur.*

— On ne te vois plus à l'atelier.

— J'ai fait la connaissance d'une femme riche.

— Tais-toi donc, *batteur* (Argot du peuple).

BATTEUR D'ANTIF : C'est le symonyme de *nourrisseur* de *poupards* (Indicateur d'affaires) (Argot des voleurs).

BATTRE LA BRELOQUE : Les *lapins*, au régiment, *battent la breloque* pour annoncer l'heure de la soupe.

Une pendule détraquée qui marche comme les montres marseillaises, lesquelles abattent une heure en quarante-cinq minutes, *bat la breloque.*

Avoir le *coco fêlé*, ne plus savoir ce que l'on fait, avoir des moments d'absence, c'est *battre la breloque.* On dit également *battre la campagne* (Argot du peuple).

BAUCHER : Se moquer de quelqu'un.

Mot à mot *l'acheter* (Argot des voleurs).

BAUDROUILLER : Synonyme de *filer.*

Quand des agents organisent une *filature*, ils *baudrouillent* les voleurs jusqu'à leur *planque* (Argot des voleurs).

BAUGE : Coffre.

Cette expression n'a guère de raison d'être, mais elle existe pour désigner un *coffre* à avoine (Argot des voleurs).

BAVER : Individu méchant qui *bave* sur tout le monde. Bien avant Zola, à qui on attribue la paternité de ce mot, on l'employait fréquemment :

— Comme le crapaud, il *bave* et jette son *venin* sur tous. (Argot du peuple.)

BAZARDIER . Camelot qui *bazarde* sa pacotille où il peut quand il n'est pas arrêté par les agents (Argot du camelot).

BÉARD (Faire un) : Quand trois amis sont réunis pour faire une partie et qu'ils ne veulent jouer qu'à deux, ils tirent au sort : celui qui ne joue pas fait *béard*.
C'est une corruption de *Béat* (Argot des joueurs). *N.*

BÉBÉ : Femme déguisée en *bébé*.
Expression familière des cocottes quand elles racolent un homme :
— Viens-tu me voir, mon *bébé*? Je suis bien aimable. (Argot des filles.)

BEC : Petite pièce de bois en buis ou en chêne qui sert aux graveurs.
Diminutif de *Béquet*. (Argot des graveurs.)

BÉCANE : Bicyclette.
Expression nouvelle qui n'a d'étymologie que la fantaisie, car ce mot exprime, au contraire, une mauvaise machine. (V. le Dict.)
— Allons-nous faire un tour de *bécane*? (Argot des byciclistes). *N.*

BÉCASSE : Femme bête comme ses pieds qui jacasse de tout sans rien savoir.
— Tu n'es qu'une grande *bécasse*. (Argot du peuple.)

BECQUANT : Poulet.
Abréviation du mot *Becquetant* (Argot des voleurs).

BEDOUIN : Voleur au jeu. (Argot des grecs.)

BÈGNE : Vieux mot employé dans les ateliers :
— Si tu ne me fous pas la paix, je te colle une *bègne !* (Argot du peuple).

BÈGUE : Avoine.
Il existe une catégorie de voleurs qui ont la spécialité de dévaliser les *bauges* des *garnafles* pour revendre la *bègue* sur les marchés (Argot des voleurs).

BÉGUEULE : Femme qui fait la dégoûtée, à qui rien ne plaît, que tous propos choque.
Mot à mot : qui *fait sa gueule* (Argot du peuple) *N.*

BÉHANZINER : Depuis que le fameux Behanzin, roi du Dahomey, a fait couper la tête à sa mère pour l'envoyer dans l'autre monde dire à son père qu'il était prisonnier des blancs, quand un ouvrier massacre un ouvrage, on dit : Il l'a *behanziné*.

Behanzineur : massacreur (Argot du peuple). *N.*

BENI-MOUF-MOUF : Tribut qui réside quartier Mouffetard.

Souvenir d'Afrique (Argot du peuple). *N.*

BÉNIR BAS : Drôle de bénédiction que d'envoyer un coup de pied dans le cul a quelqu'un (Argot du peuple).

BÉNIR DES PIEDS : Un pendu.

Quand un homme est pendu, dans les derniers affres de la mort il se débat, ses pieds s'agitent et battent l'espace, cherchant un point d'appui (Argot du peuple).

BENOITON : Être toujours dehors, comme *Madame Benoiton*, titre d'une pièce de V. Sardou (Argot du peuple).

BÉQUET : Le *passifleur* met des *béquets*, des pièces aux vieux souliers ; il en existe qui arrivent à une perfection qu'il est impossible à l'œil le mieux exercé de découvrir la pièce (Argot des gniafs).

BÉQUET : Terme d'imprimerie.

Petits paquets de com-

position pour *ajouter* à un grand paquet ou pour le *compléter*.

En corrigeant un article, on ajoute des *petits béquets* à droite et à gauche de l'épreuve pour le corser (Argot d'imprimerie).

BÉQUILLE : Potence.

Quand on n'a plus que cette *béquille là* pour marcher dans la vie, on ne va pas loin (Argot des voleurs).

BERGÈRE : Femme.

Ce mot est compris dans tous les mondes.

La dernière carte d'un jeu (Argot des grecs).

BERLU : Aveugle ; c'est ainsi que les voleurs appellent les malheureux atteints de cette infirmité cruelle.

Dans le peuple, on dit également d'un individu qui ne voit pas clair, qui, par conséquent, va à tâton dans la vie : il a la *berlue* (Argot du peuple). *N.*

BERLUE : Couverture (Argot des voleurs).

BÉRENGÉRISME : En être atteint, c'est une maladie bien désagéable.

Le *père la pudeur* qui fonctionnait à l'ancien bal de l'Élysée-Montmartre, *bérengérisait*, les danseuses qui levaient la jambe à hauteur de l'œil sans pantalon.

— Veux-tu cacher ton prospectus, disait le vieil empêcheur de danser en rond.

— Ça m'est recommandé par mon médecin de lui faire prendre l'air, répondait la *môme Cervelas* (Argot du peuple). *N.*

BERRIBONO : Un *sinve* facile à *arranger*.

Bono ça s'explique puisque ce mot veut dire *bon*.

Mais pourquoi *Berri* qui veut dire *hotte* se trouve-t-il là ?. (Argot des voleurs).

BERNARD : Aller rendre une visite à *Bernard*.

Aller au cabinet.

Saint Bernard est représenté tenant en main des tablettes qui peuvent être le papier indispensable (Argot du peuple).

BERRY : Capote d'études qui sert à un certain nombre d'élèves (Argot de l'Ecole polytechnique).

BERZELIUS : L'horloge de l'Ecole polytechnique).

Le grand savant, dans un voyage qu'il fit à Paris, visita l'Ecole, il fit devant les élèves une expérience sur la chaleur animale, la victime était un moineau, on le plaça sous la cloche et la machine pneumatique commença à fonctionner, le pauvre pierrot allait trépasser, lorque les jeunes gens pris de pitié intercédèrent en sa faveur, il fut rendu à la liberté.

Depuis ce jour on remarqua que la pendule était détraquée, le soir à la rentrée des élèves elle retardait toujours pour permettre aux flâneurs de rentrer sans être punis, quand le dernier avait franchi la porte la pendule reprenait son heure normale.

Intrigué, on voulu connaître la cause de cette anomalie, on finit par découvrir que c'était l'oiseau reconnaissant qui, chaque soir, d'un coup de bec dérangeait les aiguilles.

Le portier englua la grande aiguille, l'oiseau s'y prit et mourut victime de sa reconnaissance.

Depuis cette époque (1813), en souvenir de ce fait la pendule se nomme *Berzélius*.

C'est une tradition (Argot des Polytechniciens).

BESOUILLE : Autrefois quand les compagnons du devoir *trimardaient* par les routes, ils portaient sur la peau, une ceinture de cuir dans laquelle ils serraient leur argent.

La *Besouille* était sur la *Berdouille* (Argot du peuple).

BETTENDER : Mendier.

Ce doit être une corruption de *Battauder* qui faisait partie de la cour des Miracles (Argot des voleurs).

BEURRE (au prix où est le) : Objet acheté très cher par la ménagère qui déclare à son mari qu'il ne coûte presque rien.

Marque d'étonnement. Réponse à un emprunteur.

— Mon vieux pas moyen au *prix où est le beurre* (Argot des bourgeois). *N.*

BEURRE (faire son) : Les 104 ont fait leur *beurre* dans le Panama.

Le domestique fait son beurre en volant ses maîtres (Argot du peuple). *N.*

BOURLOQUIN : Dans les boutiques de gniafs ou de *ribouiseurs*, le patron se nomme *bourloquin* (Argot des cordonniers).

BEZEF : Beaucoup.

— Nous avons fait une razzia et y avait *bezef* de butin.

Le mot vient d'Afrique (Argot du peuple).

BIARD : Côté.

Biard, c'est *biais* avec un changement de finale.

— Prenez le *biard* pour *jaspiner* au *palpeur*, ne *nonne* pas (Argot des voleurs).

BIBARDER : Vieillir.

— C'est extraordinaire comme les chagrins te font *bibarder*.

Bibarder veut aussi dire : boire.

— *Bibardons* une tasse (Argot du peuple).

BIBELOTTER : Travailler pour produire peu de chose.

Bibelotter veut encore dire : Je vais bien, je *bibelotte* tout doucement (Argot du peuple).

BIBERON : Généralement, ce mot désigne une petite bouteille contenant du lait que l'on donne à téter aux enfants qui ne prennent pas le sein, ou que l'on veut sevrer.

Biberon a eu une autre signification quand, dans les brasseries où Mlles *Saturne* ont établi leurs assises, l'une d'elles est veuve, les autres pour se moquer d'elle, quand elle demande une consommation, répondent :

— Passez lui le *biberon*.

Allusion à la passion en

souffrance (Argot des gougnottes). *N.*

BIBI : Petit nom d'amitié, comme *Loulou*, mon *petit lapin bleu.*

Bibi, instrument des cambrioleurs (Argot des voleurs).

BIBI (envoyer à) : Envoyer à Bicêtre (Argot du peuple).

BIBINE : Sœur de charité.

L'expression n'est pas bien facile à saisir, car *bibine* est le diminutif de *bière. Bibine* signifie mauvaise chose, les sœurs sont pourtant bonnes femmes (Argot des voleurs).

BIBOIRE : C'est une petite tasse en cuir qui se met dans la poche et dont les écoliers se servent pour boire à la fontaine (Argot des écoliers).

BÉCARRE : Élève de quatrième année (Argot des écoles).

BICHE : Nom donné, il y a une trentaine d'années, aux petites dames du quartier Bréda.

On disait *Biche d'Alger* pour ne pas dire *Chameau* (Argot du peuple).

BIDET : Ficelle qui sert aux prisonniers à correspondre d'un étage à l'autre (V. *Postillon*, Dict.).

Allusion au *bidet de poste* (Argot des voleurs).

BIDON (Attacher un) : Synonyme de *manger le morceau.*

Dans les prisons, le *mouton attache un bidon* à son co-détenu.

Mot à mot : il le *dénonce.* (V. *Attacher le bidon*, Dict. (Argot des voleurs.)

BIEN DE LA MAISON (Être) Expression employée au jeu de *Manille.*

Dans la partie à quatre, les joueurs sont deux à deux, ils se questionnent à voix haute pour savoir comment diriger leur jeu :

— *Es-tu bien de la maison!* As-tu beaucoup d'atouts ?

(Argot du peuple). *N.*

BIER : Aller (Argot des voleurs).

BIFTECK DE CHAMAR-REUSE : Saucisse plate.

Pourquoi diable Delvau a-t-il été choisir les ouvrières *chamarreuses* pour leur attribuer le triste privilège de manger la maigre saucisse plate ?

C'est *Bifteck de turbineur*, parce que tous en mangent (Argot du peuple).

BIFTECK (En faire) : Quand

un *bleu* commence à monter à cheval. il laisse un morceau de ses fesses sur la selle : il fait du *bifteck* (Argot des troupiers).

BIFURQUER : L'étudiant qui abandonne les lettres pour étudier les sciences *bifurque*.

Bifurquer en deux (Argot des étudiants).

BIGARD : Trou.

Quand les *vrilleurs* percent les devantures des bijoutiers à l'aide de l'*avant-courrier*, ils font une *bigardée* (trouée) pour passer la main (Argot des voleurs).

BIGE : Ignorant, crétin.

Par extension, *Bigeois*, imbécile.

— Il ne faut jamais lui proposer d'*affs :* c'est un *bigeois* qui *casserait*. (Argot des voleurs.)

BIGEOIS : Veut dire dupe.

Vidocq dit *Bigé* et *Bigeot*, ce qui revient au même (Argot des voleurs).

BIGORNIOU : Mensonge.

Bigorniou vient de *bigorne*, pourquoi, puisque ce mot veut dire : *jaspiner*.

Bigorne (parler argot).

Rigaud lui donne-t-il la signification de mensonge ?

Ce n'est pas *Bigorniou* qu'il faut dire, c'est *Bi-*

guer, changer (Argot des voleurs).

BIJOUX : Les détritus des cuisines, les dessertes des tables que mettent de côté les aides de cuisines pour les vendre aux marchands d'*arlequins*.

A. Delvau dit que l'on nomme ces débris *bijoux* parce qu'ils *reluisent* dans le ventre de ceux qui les mangent.

Voilà une étymologie cocasse.

On les nomme *bijoux* parce qu'ils rapportent une bonne somme à ceux qui les vendent (Argot du peuple) *N*.

BILBOQUET : Dans les imprimeries, les menus travaux de labeur se nomment faire des *bilboquets*, travailler en' jouant (Argot d'imprimerie).

BILBOQUET : Litre de vin.

Allusion à ce jeu, quand on boit à la *régalade*, c'est-à-dire à même la bouteille, l'on introduit le goulot dans le trou (Argot du du peuple).

BILLE : Argent.

Abréviation de *billon* (Argot des voleurs).

BILLEMON : Biller.

Changement de finale.

— *Billemon d'altèque* (Argot des voleurs).

BINAISE : Abréviation du mot combinaison.

Binaise, tirer un plan pour faire quelque chose.

— Faisons une *binaise* pour nous offrir ua *kilo* (Argot d'imprimerie) *N*.

BINOME : Un Saint-Cyrien de l'année 1898, entré à l'école avec le numéro 10, appelle un autre saint-Cyrien, entré l'année suivante avec le même numéro, *Binome* (division) (Argot des Saint-Cyriens),

BIRMINGHAM : Synonyme de *rasoir*.

On connaît la célébrité des rasoirs de cette ville V. Raseurs, dict. (Argot du peuple).

BISARD : Soufflet de cheminée (Argot des voleurs).

BISSARD : Pain bis

Augmentatif du mot *bis*, *bissard* (Argot du (peuple).

BISCAYE : Ce mot désignait autrefois la prison de Bicêtre, il n'est plus usité aujourd'hui, Bicêtre n'étant plus qu'une maison de retraite pour les vieillards (Argot des voleurs).

BISCUIT : Argent.

— Moi, en fait de *pognon*, je n'ai que du cuivre.

— Moi, j'ai du *biscuit* (Argot des voleurs).

BISMARQUER : La force prime le droit, en conséquence, le plus fort peut s'approprier le bien d'autrui.

C'est à l'illustre gredin allemand que l'on doit ce néologisme (Argot du peuple).

BISMARQUER. Quand deux joueurs font une partie et que l'un des deux triche, et marque ses points en double, il *bis-marque* (Argot des joueurs). *N*.

BISTOQUETTE : (Un coup de) C'est assez difficile à expliquer.

Bistoquette est synonyme de *bracquemard* (Argot du peuple). *N*.

BIZUT : Élève de première année (Argot des écoles).

BLAFARD : Pièce d'argent.

Une pièce de monnaie neuve est *blafarde* (Argot des voleurs).

BLAFARDE : La mort. Synonyme de *camarde* (Argot des voleurs).

BLAGUE : Parler beaucoup pour ne rien dire.

Plaisanter quelqu'un, le *blaguer*.

Raconter des *blagues*,

raconter des histoires in-
croyables, telle que la sardine qui bouchait l'entrée
du port de Marseille.

Etre un joli *blagueur*,
toujours promettre et ne
jamais tenir.

Faire des *blagues*, met-
tre une fille enceinte et la
lâcher, dîner dans une maison et emporter l'argenterie et la montre de l'am-
phytrion.

Le mot *blague* est vieux
comme Hérode, il existe
depuis la première *blague
à tabac* qui était une *ves-
sie* (Argot du peuple).

BLAGUE DANS LE COIN :
Allons, sois sérieux, ne
plaisante plus, causons rai-
sonnablement.

On dit aussi : *blague à
part*.

On dit également : *cent
blagues à deux sous, ça
fait dix francs* (Argot du
peuple).

BLAIREAU : Il était d'usage
que les conscrits, à leur ar-
rivée au régiment, fussent
surchargés de corvées, prin-
cipalement de la plus désa-
gréable, celle de balayer
les *goguenots*.

De là, *balai* et, par extension, *blaireau* (Argot
des troupiers).

BLAISE (avoir le) : Au jeu
de Poker, quand il est
joué à cinq, celui qui pos-

sède dans son jeu cinq figures, ou quatre figures et
un as à *le blaise* (Argot
des joueurs).

BLINDE ou BLIND : Signifie aveugle, les joueurs de
Poker qui font la mise sous
la main, sont ainsi dési-
gnés (Argot des joueurs).

BLANC : Quand un compositeur est à court pour justifier une colonne ou une
page, il jette du *blanc*, des
interlignes (Argot d'imprimerie).

BLANCHIR : Quand un homme de lettres est à court de
copie ou qu'il veut tirer à
la ligne, il crée des alinéas :
— Bonjour!
— Merci.
— Ta santé?
— Bonne.
Alexandre Dumas père
a fait des feuilletons en-
tiers en dialogues de ce
genre (Argot des gens de
lettres).

BLANCHIR DU FOIE : Trahir, tromper (Argot des
voleurs).

BLASONNEURS : Nobles
qui ne voient rien en de-
hors de leur blason (Argot
du peuple). *N.*

BLAVIN : Revolver.
En effet, il se met comme
un mouchoir dans la poche

et il *mouche* les gens quand il les attrape (Argot des voleurs).

BLÉ : Argent monnayé.

Les voleurs ont emprunté ce mot aux paysans qui disent : J'ai du *blé battu*, c'est-à-dire prêt à être envoyé sur le marché, en ce cas, du *blé* c'est de l'argent.

Avoir du *blé en poche* ou n'en pas avoir, c'est être *calé* ou être *panné* (Argot des paysans).

BLÈCHE : Synonyme de *toquard*. V. ce mot au dict. (Argot du peuple).

BLEU : Petit vin aigre que nos pères buvaient jadis à Belleville *au Pot brun*, à Charonne *à la Potence*, à Argenteuil chez la mère Sechepine, aux Amandiers *à la puce qui renifle*, etc. Il fallait être un pour le boire et dix pour vous retenir si j'en crois la vieille chanson :

Faut s'agripper après les
| bancs,
Ça fait bondir, ça vous a-
| gace les dents,
C'est un nectar, un vieux
| chasselas,
Ça vous coupe la gueule à
| quinze pas.

(Argot du peuple).

BLEU (petit) : Cette expression est synonyme de faussaire, c'est à l'ex colonel Picquart que l'on doit cette expression usitée pour caractériser un faux.

Elle a pris naissance lors de l'affaire Dreyfus (Argot du peuple). *N*.

BLEZIMARDÉ : Un acteur *blezimarde* lorsqu'il s'interrompt par manque de mémoire au milieu d'une tirade ou qu'un loustic lui coupe la parole par une plaisanterie (Argot des coulisses) *N*.

BLOC : Salle de police.

— Mon vieux *colon*, le commandant te fous quinze jours de *bloc* (Argot des troupiers) *N*.

BLOCKAUS : Garni infect dans lequel se tapissent les chiffonniers dans la *Cité Dorée* ou dans la *Cité Maupy*, à raison de trois francs par semaine.

Ce sont de véritables *fortins* inexpugnables par la saleté (Argot du peuple).

BLOFFER : Mentir, vouloir en imposer à son adversaire. Cela se pratique au jeu de poker, un joueur n'a pas de jeu du tout, il part de vingt francs comme première mise, les adversaires lui supposent un jeu très fort, néanmoins ils tiennent la mise, le *bloffeur* monte toujours, ses adversaires intimidés lâchent la partie (Argot des voleurs).

BLOND (Le Beau) : Soleil.

Les voleurs, à moins d'exception, ne connaissent pourtant pas la mythologie pour faire allusion au *blond Phebus* (Argot des voleurs) *N*.

BLONDE : Bouteille de vin.

La vieille chanson dit :

J'ai voulu goûter de la gloire
Une balle m'a bouché l'œil
J'ai voulu boire du vin d'Argen-
| teuil
Et ce vin m'a foutu la foire.
Des plaisirs du grand monde
Je suis revenu
Et j'aime mieux le cul
De ma *blonde*. /

(Argot des voleurs).

BLOQUER : Quand les typographes ne peuvent lire un mot d'une *copie* ou qu'il manque d'une *sorte* (V. ce mot au dict.) ils *bloquent* le mot en retournant les lettres (Argot d'imprimerie).

BLOQUER : Les voleurs emploient cette expression pour dire abandonnée.

Bloquer doit être pris dans le sens de *cacher* (Argot des voleurs).

BLOQUETTE : En venant au monde, nous avons tous passé par là (Argot du peuple).

BLOUSER : Ce mot qui date de l'invention des billards à *blouses*, est aujourd'hui passé dans la langue française, mais il n'en est pas moins un mot d'argot, car aujourd'hui il ne signifie plus : *blouser* son adversaire en lui poussant sa bille dans la *blouse*, il veut dire tromper :

— Ne fais pas cette affaire, tu vas te *blouser*.

Ou bien :

— N'écoute pas ses propositions, il veut te *blouser*.

Mot à mot : te mettre dedans (Argot du peuple) *N*.

BLOUSIER : Ouvrier qui porte la *blouse* (Argot du peuple) *N*.

BOBELINS : Au carreau du Temple il existe des spécialistes qui n'achètent que les vieilles *bottes*, ils en séparent soigneusement les bonnes tiges qu'ils font remonter par des *passifleurs*; ces bottes sont revendues sous le nom de *Bobelins* (Argot des brocanteurs).

BOBONNE : Bonne d'enfants (Argot des troupiers).

BOBOSSE : Se dit d'un bossu qui l'est derrière et devant, il a *deux bosses*. V.*Bombé* (Argot du peuple).

BOCHON : Coup de poing

(V. *Pochon*) (Argot du peuple).

BOCOTER t Grogner sans cesse.

— Ma femme *bocotte* du matin au soir (Argot du peuple).

BOIS POURRI : Amadou (Argot des voleurs).

BONHOMME : Saint (Argot des voleurs).

BONICARD : Vieillard.
Bonicarde, vieille femme (Argot des voleurs).

BOEUF : Le tailleur qui déploie une grande force pour faire les grosses pièces se nomme un *bœuf*, allusion à la force de cet animal (Argot des tailleurs).

BOEUF (Avoir un mâle) : Etre fort en colère.
Superlatif de *Bouffer son bœuf* (Argot d'imprimerie).

BOIS : En avoir sur la tête. Etre cocu.
Allusion au cerf (Argot du peuple). *N.*

BOIS (Etre dans ses) : Etre chaussé de sabots.
L'allusion se comprend (Argot du peuple). *N.*

BOISSEAU : Chapeau. V. *décalitre*, *Dict.* (Argot du peuple). *N.*

BOITE D'ECHANTILLONS : Tonneau de vidange.
Ce sont bien en effet des *échantillons*; car il contient de la m... archandise de toute provenance (Argot du peuple). *N.*

BOITES aux RÉFLEXIONS : Salle de police.
L'expression n'est juste que si le soldat y est seul, autrement, si les punis y sont plusieurs, on ne songe qu'à s'amuser pour tuer le temps et pas du tout à *réfléchir* (Argot des troupiers).

BOLIVAR : Chapeau qui était à la mode en 1820.
C'était le nom du dictateur *Bolivar* qui avait l'habitude de porter ce genre de chapeau (Argot du peuple).

BON ENDROIT : Le derrière.
Bon endroit pour une certaine catégorie de gens qui aiment ça (Argot des pédérastes). *N.*

BON POUR BERNARD : Mauvaise prose qui n'est bonne que pour les cabinets (Argot du peuple).

BONDIEUSARD : Les fabricants d'objets de piété.
Les gens qui fréquentent les églises (Argot du peuple.)

BONNISSEUR de la BATII :

Témoins à décharge (Argot des voleurs).

BONNET : Quand les ouvriers en veulent à un contre-maître, ils se réunissent secrètement pour se liguer et le faire renvoyer.

Cela se nomme faire un *bonnet* (Argot d'imprimerie).

BOOK : Livre de courses de la *bookmaker* (Argot du turf).

BORDÉE (En tirer une) : Ne plus travailler, aller boire chez les marchands de vins, être plusieurs jours sans rentrer chez soi.

Allusion au navire qui tire des *bordées* avant d'accoster le port (Argot du peuple). *N.*

BOTTER : Plaire.

— Cette femme me *botte*, elle me va comme un gant (Argot du peuple).

BOTTER : Donner un coup de pied au cul de quelqu'un.

— Je l'ai *botté* d'importance (Argot du peuple).

BOUANT : Cochon.

On sait que ce sale animal ne se plaît que dans la *boue* (Argot du peuple) *N.*

BOUBANE : Perruque (Argot des voleur).

BOUBOUILLE : Cuisine misérable faite sur un fourneau portatif dit Rigaud.

Ce n'est pas *Boubouille* ; c'est *Potbouille* qu'il faut dire.

C'est un mot composé : *Pot*, le vase, *bouiller* (Argot du peuple). *N.*

BOUC : Cocu.

MM. les voleurs ne savent pourtant pas que les Grecs appelaient une femme légère une *Chèvre* et que de là le nom de *Bouc* fut donné au mari. Comme le *bouc* est généralement porteur de *cornes* respectables, nous en avons fait *Cornard* (Argot des voleurs).

BOUCANADE : Quand un témoin à charge doit déposer contre un prévenu en correctionnelle ou en cour d'assises, les complices restés en liberté essayent de le corrompre. S'ils réussissent, cela se nomme *Coquer la boucanade*

L'origine du mot est simple : *Boucan*, scandale. *Boucan* d'audience, de la *Boucanade* (Argot des voleurs).

BOUCHER LA FENTE (Se) : Boire ou manger.

— Quelle *dèche*, mon *vieux !* Un *larton* d'un *rond* pour me *boucher la fente*, y a pas gras ! (Argot du peuple). *N.*

BOUCHE-TROU : Homme qui en remplace un autre dans son emploi.

Se dit d'un acteur médiocre qui remplace un premier rôle.

Ce mot est en usage dans beaucoup de professions libérales.

Bouche-trou : homme de peu de valeur, bon à tout et propre à rien (Argot des coulisses). *N.*

BOUCHON : Bourse.

Allusion à l'argent qu'elle contient qui sert à boucher des trous.

Pour payer une dette, on dit : *Boucher un trou* (Argot du peuple).

BOUIF : Mauvais ouvrier.

On disait cela primitivement des ouvriers cordonniers, mais depuis cette expression s'est étendue à tous les corps de métiers.

Un mauvais ouvrier ou un mauvais acteur, c'est un *bouif* (Argot du peuple).

BOUILLON (Boire un) : Faire une opération ruineuse.

— *J'ai bu un rude bouillon avec le Panama.*

Se jeter dans le bouillon, se jeter à l'eau.

Bouillons, livres ou journaux invendus.

— Il a tombé cette nuit un *bouillon* qui m'a trempé comme une soupe.

Être attrapé, c'est *gober le bouillon* (Argot du peuple).

BOUILLON AVEUGLE : Bouillon gras qui est tellement maigre qu'il est sans *yeux*.

Comme c'est généralement l'ordinaire des troupiers, ils disent qu'il faudrait un bon maître d'armes pour lui *crever les yeux* (Argot du peuple). *N.*

BOULANGER : Le diable, sans doute, parce qu'il est noir comme un four (Argot des voleurs).

BOULANGER QUI FAIT CUIRE LES AMES AU FOUR (le) : Diable qui fait cuire les gens en enfer (Argot des voleurs).

BOULE DE SUIF : Homme ou femme gras à lard.

Cette expression est fréquemment employée dans la presse pour désigner un individu nommé Joseph Reinach, qui semble appartenir bien plus à la race porcine qu'à la race humaine (Argot du peuple). *N.*

BOULON (vol au) : Les voleurs opèrent à l'aide d'une tige d'acier très flexible qu'ils introduisent par un trou de boulon de la devanture d'une boutique, ils attirent doucement à eux les dentelles de l'étalage.

Ce vol est fréquent (Argot des voleurs).

BOULINGUER. V. *Bouline*, dict.

BOULONNAISE : Pierreuse qui raccroche dans le bois de Boulogne (Argot du peuple).

BOULOT : Haricot rond.
Allusion de forme (Argot du peuple).

BOULOTTER DE LA CAL-LIJATTE : Cette expression, des plus pittoresques, a une saveur toute particulière : elle est connue depuis peu.
Boulotter : manger ; *callijatte* : secret.
Mot à mot : *manger du secret.*
On sait que la cellule est la terreur du plus grand nombre des détenus, mais elle est un paradis relatif quand il n'est pas au *secret*.
Etre au *secret* est un supplice épouvantable. On comprend que les plus endurcis voleurs redoutent cette torture ; cela explique qu'ils sont parfois empêchés de commettre un acte criminel ou qu'ils avouent tout ce qu'on leur demande pour éviter de *boulotter de la callijatte* pendant de longues semaines (Argot des voleurs). *N.*

BOUQUET : Quand un *nourrisseur de poupard* a bien préparé une affaire, et que le vol a été fructueux, il reçoit une prime de ses complices, quelquefois quarante pour cent ; cela se nomme recevoir un *bouquet* (Argot des voleurs).

BOURDON : Quand le metteur en pages ne s'aperçoit pas qu'un mot a été oublié en composant un article, ce dernier devient incompréhensible.
S'il s'en aperçoit et qu'il faille remanier le paquet, c'est enlever le *bourdon* (Argot d'imprimerie).

BOURLINGUER : Envoyer puelqu'un se promener.
Synonyme d'envoyer à la *balançoire* (Argot du peuple).

BOURRÉES DE SOIE : Les filles qui ont un appartement luxueux, qui se disent rentières, mais qui, notoirement, ne vivent que de prostitution, sont des *bourres de soie.*
L'allusion est facile à comprendre *bourrées de soie* (Argot du peuple).

BOURRICHON : Se monter le *bourrichon* pour une femme c'est se monter la *tête.*
Synonyme de se *monter le coup* (Argot du peuple).

BOURRIQUE : Celui qui dénonce un complice est une *bourrique*.

Synonyme de *vache* (Argot des voleurs).

BOURRIQUER : Dénoncer ses complices, dit M. L. Larchey.

Bourriquer a une toute autre signification.

Synonyme de *Rouscailler* (V. ce mot dict.) (Argot du peuple) *N*.

BOURSE DES FERBLANTIERS (La) : Ce vocable date du premier procès Wilson-Limousin, la justice découvrit qu'à cette *bourse* il existait une *cote officielle* pour la négociation des croix suivant la fortune ou le degré de vanité du quémandeur.

Dans le peuple on appelle les décorations quelles quelles soient : une *ferblanterie* (Argot du peuple) *N*.

BOUSIN : Faire du tapage (Argot du peuple).

BOUSINGOT : Cabaret borgne où l'on fait du *bousin*.

Expression qui date de 1830 (Argot du peuple).

BOUT : L'ouvrier qui donne *congé* à son patron, lui *donne son bout* (Argot du tailleur).

BOUT DE CUL : (V. *Bas du cul*, dict.) (Argot du peuple).

BOUTIQUE : Maison où les maîtres traitent les domestiques comme des chiens.

Boutique, terme de mépris.

— Ne va donc pas à ce journal : c'est une *boutique*.

Etre de la *boutique*, être de la police.

Faire voir son cul, c'est montrer sa *boutique* (Argot du peuple).

BOUTONNER : Donner un coup de *bouton* à son adversaire.

Allusion à la pointe du *bouton* qui garnit le fleuret (Argot de salle d'armes).

BRADER : Quand un soldeur vend à vil prix des marchandises qu'il n'a pas payées, il *brade* (Argot des camelots).

BRANCARD : Un vieil adage dit que les femmes c'est comme les souliers : quand c'est vieux, ça boit.

Toutes ne boivent pas ; il en est qui, trop vieilles pour continuer leur profession, instruisent les jeunes et leur apprennent les secrets du métier.

Mot à mot : *Brancard*, aller *traîner* les apprenties putains sur le *trimard* (Argot des filles).

BRANLER DANS LE MANCHE : Se dit d'une affaire qui ne va pas, de quelqu'un qui est sur le point de perdre sa situation.

Synonyme de *ça ne va que d'une fesse* (Argot du peuple).

BRICARD : Escalier (Argot du peuple).

BRICHETON : Pain.

Synonyme de *brignolet*, qui vient de *briffer*, manger (Argot des troupiers).

BRICOLE : Objet de peu de valeur.

Travail de quelques heures qui ne se continue pas.

— Je ne trouve rien à faire que des *bricoles* par-ci, par-là.

Bricoler, ne pas faire grand'chose (Argot du peuple). *N.*

BRICOLE : Double courroie de cuir que l'on met autour du cou d'un prisonnier dangereux, qui lui serre en même temps les bras tout en lui laissant les mains libres.

Cet appareil empêche tout suicide, toute tentative d'évasion ou de meurtre sur les gardiens (Argot des voleurs).

BRICOLE A CHEVEUX : le peigne ou l'épingle qui fixe le chignon d'une femme (Argot des voleurs). *N.*

BRICOLEUR : Mauvais ouvrier qui ne fait rien de bon et *bricole* pour arriver à la fin de la journée (Argot des ouvriers). *N.*

BRID' (La) : La chaîne du forçat qui partait autrefois de Bicêtre pour les bagnes de Brest ou de Toulon (Argot des voleurs).

BRIMARD : Briseur.

Les *briseurs* de réverbères sont des *brimardeurs* (Argot des voleurs).

BRISER : S'en aller.

— Mon vieux, il est l'heure de la *mouise*, je me la *brise* au galop.

Quand une commandite d'ouvriers compositeurs a achevé son travail, le metteur en pages frappe sur sa casse avec un *taquoir*.

Ce signal veut dire : c'est fini, *brisez* (Argot d'imprimerie).

BRELAN : Posséder dans son jeu trois cartes de même valeur (Argot des joueurs).

BRÉGUILLES : V. le dictionnaire au mot *digelettes* qui a remplacé *breguilles* (Argot des voleurs).

BRODEUSE :   Homme et

femme à la fois *actif* et *passif*.

De la famille des pédérastes (Argot du peuple).

BROSSER LE VENTRE (Se): Ne rien avoir à se mettre sous la dent.

— Que vas-tu me donner à manger?

— Rien, mon vieux, tu as bouffé ta quinzaine, tu te *brosseras le ventre.*

Synonyme de *danser devant le buffet* (Argot du peuple).

BROSSE DE CHIENDENT (Prendre la) : Femme veuve ou femme mariée dont le mari ne cultive pas le jardin, lorsque l'une ou l'autre se plaint, celles-ci lui répondent en riant :

— *Prends la brosse de chiendent.* (Argot du peuple) *N.*

BRUGE : Serrurier (Argot des voleurs).

BRULER LA CHANDELLE PAR LES DEUX BOUTS: Individu qui dépense sans compter, qui jette son argent par les fenêtres.

— *Tu brûles la chandelle par les deux bouts* (Argot du peuple) *N.*

BUCHE (En ramasser une) : Quand un bicycliste tombe à terre, il *ramasse une buche.*

Allusion sans doute à ce qu'il faut se baisser pour *ramasser* un objet à terre (Argot des cyclistes) *N.*

BUSTINGUE : Garni.

Il en existe un célèbre dans la rue de Flandre, à la Villette. C'est là que descendent les saltimbanques et les phénomènes qui viennent à Paris pour se faire engager.

On nomme *bustingue* tous les garnis où logent les *ambulants* (Argot des voleurs).

BUTRE : Plat (Argot des voleurs).

BUVEUR D'ENCRE : Les employés d'intendance sont des *buveurs d'encre,*

On dit également *chieur d'encre* (Argot des troupiers).

C

CAB : Sorte de voiture en usage en Angleterre.

Abréviation de *cabriolet* (Argot du peuple).

CABAS : Vieille femme qui va au marché avec un *cabas*. sorte de panier en paille tressée; elle ne tient pas à l'élégance (Argot du peuple).

CABERMON : Cabaret (Argot des voleurs).

CABILLOT : Soldat passager à bord d'un navire, les matelots les détestent et leur donnent ce nom de poisson qui s'écrit : *cabillaud*.

Les matelots n'aiment pas la morue (Argot des matelots).

CABOTIN : Acteur qui se rapproche plus du pître que du comédien.

Dans le peuple, on applique cette expression à tous ceux qui *jouent* l'amour, la sincérité, la conviction (Argot du peuple).

CABOTINER : Courir les campagnes en jouant ou en massacrant la comédie ou le drame.

On *cabotine* dans tous les mondes, surtout en politique (Argot de théâtre).

CABRIOLET : Chapeau de femme qui ne se porte plus.

Allusion à sa forme de *capote* d'un *cabriolet* (Argot du peuple).

CABRIOLET : Hotte de chiffonnier.

Il roule avec, en la portant sur son dos (Argot des chiffonniers).

CACA : La mère dit à l'enfant : — Fais ton petit *caca*.

On dit d'un mauvais article, d'un tableau mal réussi, c'est du *caca* ; c'est une façon polie pour ne pas dire : cela ne vaut pas une merde (Argot du peuple).

CACHEMIRE : Torchon.

—Garçon, la table est sale, un coup de cachemire, s. v. p. (Argot du peuple).

CACHEMIRE D'OSIER : Hotte du chiffonnier.

Cette expression est ancienne, autrefois, au bal du *Vieux Chêne*, le buraliste disait aux *biffins* qui venaient *gambiller* :
— Mes enfants, laissez vos *cachemires* dans le couloir (Argot du peuple). *N.*

CACHEMITE : Cachot (Argot des voleurs).

CACHE-MISÈRE : Une femme qui, dans la plus profonde des misères, ne veut pas la laisser voir, cache ses haillons avec un vêtement de dessus, un man-teau propre. Sa misère n'est pas apparente : de là *cache-misère*, le manteau (Argot du peuple). *N.*

CACHET DE LA RÉPUBLIQUE : C'est un coup de pied canaille.

Quand deux hommes se battent, le plus fort écrase d'un coup de talon la figure de son adversaire.

Il lui pose le cachet (Argot du peuple).

CADAVRE : Savoir où est le *cadavre*, c'est connaître la ou les mauvaises actions de quelqu'un.

Quand deux individus ennemis paraissent néanmoins très amis, on dit :
— Il y a entre eux un *cadavre* (Argot du peuple).

CADICHON : Monstre (Argot des voleurs).

CADRATIN : Chapeau haut de forme.

Allusion à la forme du *cadratin* d'imprimerie (Argot d'imprimerie).

CAFÉ : Quand un Gascon raconte une histoire par trop invraisemblable, on lui répond :
— C'est trop *fort de café*.

La même expression est employée quand un fait dépasse l'imagination : c'est trop *fort de café*.

Allusion au *café*, qui est amer quand il est trop *fort* (Argot du peuple).

CAFÉ (Prendre son) : Tourner un individu en ridicule, se moquer de lui.

Mot à mot : on prend *son café* à ses dépens (Argot du peuple). *N*.

CAHUAH : Café.

On dit aussi *Cahuadji*. Ce mot date de la conquête d'Afrique et a été popularisé par nos soldats (Argot du peuple).

CAGE : Prison.

Allusion à l'oiseau qui, en *cage*, ne peut s'envoler.

Le voleur en *cage* est dans les mêmes conditions. (Argot des voleurs).

CAGE A CHAPONS : Couvent d'hommes.

Allusion à ce que, de par leur vœu de chasteté, ils sont *chaponnés* moralement (Argot des voleurs).

CAGE A JACASSES : La prison de Saint-Lazare et les couvents de femmes.

Allusion à la pie qui *jaccasse* sans cesse (Argot des voleurs). *N*.

CAGE A POULETS : Chambres à murs délabrés, lézardés, qui laissent passer les courants d'air.

On appelait autrefois la crinoline une *cage à poulet* (Argot des voleurs). *N*.

CAGNE : Chien méchant.

Tout animal mauvais est une *cagne* (Argot des maquignons).

CAGNEUX : Avoir les genoux en dehors, et les jambes en manches de veste (Argot du peuple).

CAGNOTTE : Dans les cercles, à chaque partie, le croupier prélève une somme à la fin de la soirée, ces sommes réunies forment la *cagnotte*.

Les bourgeois qui jouent chez eux mettent de côté la *cagnotte* pour, à la fin du mois, faire une partie de campagne (Argot des joueurs).

CAJOU : Voleur qui opère seul.

Au xviiᵉ siècle on donnait dans la cour des Miracles le nom de *Cagoux* aux voleurs chargés d'instruire les apprentis voleurs dans l'art de couper les bourses et de faire le mouchoir (Argot des voleurs).

CAISSE (la bander) : Caissier qui se sauve avec elle (Argot du peuple).

CAISSE (battre la) : Tout individu qui fait du bruit autour de son nom *bat la* grosse caisse ou la fait *battre* moyennant finance.

Allusion au pitre qui *bat la caisse* pour amasser les badauds devant sa baraque (Argot du peuple).

CAISSE (sauver la) : Bilboquet dans les saltimbanques, s'écriait :

— *Sauvons la caisse.*

C'est le contraire des banquiers qui se sauvent avec.

Sauvons la caisse, sauvons l'argent (Argot du peuple).

CAILLASSE : Les cantonniers qui cassent des *cailloux* sur les routes disent :

— Casser de la *caillasse* (Argot du peuple).

CAILLÉ : Poisson quelle que soit sa nature.

Il est *caillé*, il a des *écailles* (Argot des voleurs).

CAISSON : Se brûler la cervelle.

Allusion au *caisson* qui *saute*, lorsque la poudre s'enflamme (Argot du peuple).

CALAIN : Vigneron (Argot des voleurs).

CALANDE : Promenade.

Ce mot vient de *caler*, ne rien faire (v. ce mot dict.) (Argot des voleurs).

CALER SA BITTURE : Faire ses nécessités.

Synonyme de *déponer* (Argot du peuple).

CALÉDONIE (La Nouvelle) : Le cimetière de Bagneux et celui de Pantin (V. *Cayenne*) (Argot du peuple).

CALÉGE : Fille ou femme entretenue (Argot des voleurs).

CALEUR : Qui *cale*.

Ouvrier gouapeur pour qui tous les jours de la semaine sont le dimanche (Argot d'imprimerie).

CALINO : Nom d'une sorte de jocrisse introduit par Antoine Fauchery dans un vaudeville, et qui a été appliqué depuis à tous les gens assez simples d'esprit, par exemple pour s'imaginer avoir vu bâtir la maison où ils sont nés. *A. D.*

Calino a existé vers 1840, il fut découvert par le peintre Fontalar chez un marchand de curiosités du boulevard des Italiens

Calino était le comble de la bêtise.

Son patron avait une canne ayant appartenu à Louis XIV.

Il prit la canne pour aller se promener, quand il revint le marchand la lui arracha des mains ; horreur, il en manquait trente centimètres.

—Tu as coupé ma canne, misérable, dit le marchand à *Calino*.

— Oui, elle était trop longue.

— Alors, il fallait la couper par le bas.

— Ah ! non, c'est d'en haut qu'elle me gênait.

Calino est devenu le type de l'imbécile (Argot du peuple). *N*.

CALOT : Coiffure des cavaliers gardes d'écurie.

Vient de *calotte* (Argot des troupiers).

CALLOT : Teigneux.

Vient de *palabre*, teigne (Argot des voleurs).

CALOTTÉE : Boîte à asticots.

Allusion à la forme du vase qui ressemble à une *calotte* qui sert à mettre les confitures (Argot du peuple).

CALOTTIN : Curé ou dévot fréquentant l'église.

Allusion à la *calotte* que porte le prêtre (Argot du peuple).

CAMBRIOLE : Chambre (Argot des voleurs).

CAMBROU : Domestique mâle.

Il garde la *cambrousse* (Argot des voleurs).

CAMBROUSSE : La campagne.

Ils disent aussi *camplouse* (Argot des voleurs).

CAMBRURE : Le cordonnier *cambre* le soulier pour lui donner une allure plus élégante (Argot des cordonniers).

CAMELOT : Vendre de la *camelotte*.

La rue du Croissant est le quartier général de ces déclassés qui mettent plus de génie pour gagner 40 sous, qu'un banquier pour gagner 100 000 francs (Argot du peuple).

CAMELOTTE EN POGNE : Voler un objet quelconque dans la main de quelqu'un (Argot des voleurs).

CAMPAGNE (aller à la) : Quand les agents arrêtent les filles, celles ci disent, heureuses de se reposer :

—Nous *allons à la campagne*, pour ces malheureuses, la prison de St-Lazare, est la villégiature (Argot des filles).

CAMPHRE : Eau-de-vie de la plus mauvaise qualité débitée dans les *assommoirs*.

Le *camphrier* est le marchand qui vend cette eau de mort (Argot du peuple). *N*.

CAMPHRIER : Le patron d'un assommoir ou se débite le *camphre* (Argot du peuple).

CAMUS (avoir le nez). V. *Carlin* (Argot du peuple).

CANARD : Le musicien qui fait une fausse note, pousse un *canard*.

On dit plus généralement *couac* (Argot des musiciens).

CANARDER : Plaisanter un ami.

Mot à mot le *canarder* de mots piquants (Argot du peuple).

CARIBENER : Vol à la care.

Le voleur qui a cette spécialité se nomme un *caribeneur* (Argot des voleurs).

CANCANNER : Faire des *cancans* sur ses voisins.

— Ma portière *cancanne* toute la journée sur mon compte.

C'est-à-dire *bavarde* (Argot du peuple). *N.*

CANNE : Quand un condamné est sous la surveillance de la haute police, et qu'il change de résidence, il brise sa *canne* (Argot des voleurs).

CANNE : Congédier quelqu'un. Mot à mot :

Je prends ma *canne* et mon chapeau,
Je pars sans demander mon reste

(Argot du peuple).

CANELLE : La ville de Caen.

— Il y a un *bath chopin* à faire à *Canelle*, en es-tu ? (Argot des voleurs).

CANNER : L'individu qui est condamné à la haute surveillance de la police, quand il s'évade, casse sa *canne* (Argot des voleurs).

CANIF (coup de canif) : La femme qui fait son mari cocu, et réciproquement, donne des *coups de canif* dans le contrat.

Mot à mot, le déchire (Argot du peuple).

CANTONNIER : Prisonnier (Argot des voleurs).

CANULE : Petit instrument placé au bout d'une seringue ou d'un irrigateur, disent les dictionnaires français.

Canule : être ennuyeux.

— Ah ! lâche-nous, voilà une heure que tu nous *canules* (Argot du peuple).

CAPAHUTER : Voleur qui assassine son complice pour ne pas *fader* avec lui (Argot des voleurs).

CAPE : Ecriture (Argot des voleurs).

4

CAPET : Chapeau (V. *Galurin*, dict.) (Argot du peuple)·

CAPHARNAUM : Boutique de brocanteur où les objets les plus disparates sont pêle-mêle(Argot du peuple). *N.*

CAPITAINE : Boursier qui agiote à la Bourse (Argot des voleurs).

CAPITOLE : Cachot.
A la prison de St-Lazare, les *cachots* sont au quatrième étage. Quand elles y sont condamnées, les prisonnières disent qu'elles montent au *Capitole*.
L'allusion se comprend (Argot des filles). *N.*

CAPOTE : Ne pas faire un point au jeu de piquet.
Mot à mot :
— Ta *capote* te tiendra chaud pour l'hiver (Argot du peuple). *N.*

CAPOTE : Préservatif en baudruche employé par les bourgeois économes qui n'aiment pas la famille.
Capote anglaise (Argot du peuple).*N.*

CAPOU : Ecrivain public (Argot des voleurs).

CAPOUL : Coiffure qui consiste à faire une raie sur le milieu de la tête, comme le faisait le ténor de ce nom (Argot du peuple).

CAPUCINS : Lièvres (Argot des braconniers). *N.*

CARABINÉE : Mot très extraordinaire.
— Mon vieux, je me suis payé une *cuite carabinée* (Argot du peuple).

CARANT : Une planche.
Généralement la planche qui forme le lit de camp des cachots est *carrée*, de là l'expression :
— Je vais *tirer* huit *jornes* de *carant* (Argot des voleurs). *N.*

CARANTE : La table
— Tu ferais mieux de m'inviter à cette *refaite* que *j'allume* sur la *carante* (Argot des voleurs). *N.*

CARAPATTER : S'évader, se sauver, *cara*, carer, se cacher, *patter*, se tirer les pattes, s'enfuir (Argot des voleurs).

CARAVANES (Partir en) : Se promener avec des *chameaux* sur le boulevard Montmartre (Argot du peuple). *N.*

CARBELUCHE GALICÉ : Chapeau de soie (Argot des voleurs).

CARCASSIER : Auteur dramatique, Dennery par

exemple, habile à charpenter une pièce de théâtre.

Il construit la *carcasse* (Argot de théâtre).

CARCAN A STRAPONTIN ; Vieille fille publique, de *carcan*, vieux cheval (Argot des filles).

CARDER : Battre.

— Je vais te *carder* le *cuir*.

Allusion au *cardeur* de matelas qui déchire la laine avec les dents de son peigne (Argot du peuple). *N*.

CARDINALE : La lune (Argot des voleurs).

CARE (Mettre à la) : Avare qui économise sou à sou.

Ouvrier qui, le samedi, *care* une partie de sa paye (Argot du peuple).

CARRÉ : Elève de deuxième année (Argot des écoles).

CARÉE : Logement dans les garnis où les ouvriers couchent en chambrées, ils disent :

— Nous payons cinq ronds pour *sorguer* dans la *carré* (Argot du peuple).

CARREAU : Autrefois la rotonde du Temple qui existait derrière le Temple actuel, avait, devant sa façade, un large espace pavé de larges dalles. C'était à cette place que se réunissait, chaque matin, tous les marchands d'habits de Paris pour acheter, vendre ou échanger les vêtements qu'ils avaient achetés la veille Malgré la démolition de la rotonde, la tradition s'est conservée, les marchands disent : nous allons au *carreau* (Argot des brocanteurs). *N*

CARREAUX BROUILLÉS : Maison à gros numéro où l'on trouve bon gîte et le reste moyennant finance.

Allusion aux vitres dépolies (Argot du peuple).

CARRER DE LA DÉBINE (Se) : Se tirer de la débine (Argot des voleurs).

CARRELEUR DE SOULIERS : Ouvrier lorrain qui vient tous les étés parcourir nos campagnes avec sa hotte sur le dos.

Il retape les vieux souliers.

Ce nom lui vient de ce qu'il crie : *Carreleur de souliers* !

A quoi les gamins répondent : *Gare l'aut' soulier* !

Il existe une vieille chanson. En voici un fragment :

Et quand il trouve un peu d'ou-
| vrage,
Notre homme en plein vent
| s'établit.
L'hiver, il a sur son passage
La grange qui lui sert de lit ;

Mais l'été, dans les nuits su-
| perbes,
Prenant le ciel pour hôtelier,
Il s'étend dans les hautes
| herbes :
Sa hotte lui sert d'oreiller.
Carreleur de souliers !

(Argot du peuple.)

CARGE : Balle (Argot des
voleurs).

CARISTADE : Charité.
Mot provençal qui vient
de *Caristat* (Argot des voleurs).

CARLIN (Nez) : Avoir le nez
écrasé.
Allusion à la race des
chiens *carlins* (Argot du
peuple). *N.*

CARLINE (La) : La mort.
Ce mot est usité dans les
bagnes pour désigner cette
vilaine personne.
Allusion au personnage
de *Carlin*, dont le visage
est couvert d'un masque
noir (Argot des voleurs).

CAMION : Petit seau en tôle
qui sert aux peintres à met
tre leurs couleurs et qu'ils
accrochent aux échelons de
leur échelle au moyen d'un
S.
Allusion au *Camion* des
messageries qui se trans-
portent (Argot des peintres
en bâtiments). *N.*

CARME : Miche de pain (Argot des voleurs).

CAROTTE FILANDREUSE :

Carotte tirée de longueur,
mais peu claire comme ex-
plication.
Allusion à une vieille
carotte pleine de *filandres*
qui ne se digère pas facilement.
— Ça ne prend pas, ta
carotte : elle est *filandreuse*! (Argot du peuple).
N.

CARTAUDE : Imprimeur.
Naturellement *cartauder*
veut dire imprimer (Argot
des voleurs).

CARTOUCHE JAUNE : Quand
les bagnes existaient et que
les passeports étaient exi-
gés par les gendarmes pour
constater l'identité des voyageurs, l'autorité remettait
aux forçats libérés un passeport imprimé sur papier
jaune, cette coutume inhu-
maine a été supprimée parce
qu'elle empêchait les libérés
de trouver du travail et les
obligeaient pour vivre à
retomber dans le crime.
Jaune de la couleur du
papier *cartouche* parce que
ce passeport était enfermé
dans un étui en fer-blanc
ayant la forme d'une douil e
de cartouche (Argot des
voleurs).

CASCADE : Cascader.
Dans la *Belle Hélène*
Schneider chantait :

Dis-moi, Vénus, quel plaisir
| trouves-tu
A faire ainsi *cascader, cascader*
| ma vertu.

Celui qui fait la *bombe*
(V. ce mot dict.) *cascade*
(Argot du peuple) *N*.

CASCARET : Ecu de trois
livres.

Ce mot est très ancien
(Argot des voleurs).

CASQUE (Avoir le) : Au len-
demain d'une noce où l'on
a trop bu, le buveur a la
tête lourde.

Allusion au *casque* du
cuirassier qui est *lourd à
la tête* (Argot du peuple).

CASSER UNE TUNE : Chan-
ger une pièce de cent sous
(Argot du peuple).

CASSEROLE : L'hôpital du
Midi et de Lourcine où l'on
soigne les vénériens.

On les passe à la *casse-
role*. Mot à mot on les
étame (Argot du peuple)
N.

CASSEROLE (Passer à la) :
Se faire guérir d'une maladie vénérienne dans un hôpital ou à Saint-Lazare.

Mot à mot se faire *éta-
mer*.

On ira encore se faire
récurer le chaudron. (Argot des filles) *N*.

CASSEUR DE PORTES : Vo-
leur avec effraction (Argot
des voleurs).

CASSINE : Synonyme de *baraque*.

Mauvaise maison où les
domestiques sont mal trai-
tés.

Cassine vient de *cassin*,
petite boutique (Argot du
peuple). *N*.

CASSOLETTE : Pot de nuit.

Quand il est plein c'est
une singulière *cassolette*
qui exhale un drôle de par-
fum (Argot du peuple).

CASTAPIANE : Maladie vé-
nérienne.

Expression très usitée
dans le Midi.

Ce mot vient d'un pa-
tois auvergnat (Argot du
peuple). *N*.

CASTE DE CHARRUE :
Quart d'un écu (Argot des
voleurs).

CASTOR : Chapeau de soie.

Allusion à l'animal qui
sert à sa fabrication (Argot
du peuple). *N*.

CASTUC : Prison.

Hôpital où la maladie
morale ne se guérit pas
souvent (Argot des voleurs).

CAVALOT : Un sou ou deux
sous.

Cette monnaie est ronde,
elle se *cavale* (Argot du
peuple).

CAVÉ : Dupe (Argot du
peuple).

CAVÉE : Eglise.

Elle est voutée comme une *cave* (Argot des voleurs).

CAZIN : Partie de billard qui se joue avec une quille au milieu du tapis (Argot du peuple). *N.*

CAZINER : Jouer au *cazin*, faire toucher par la bande les billes, en jouant avec la rouge (Argot du peuple).

CAYENNE : Le cimetière d'Ivry.

Allusion à son éloignement du centre de Paris, et au voyage lointain qu'il faut faire pour y arriver.

Mot à mot : Les morts sont déportés (Argot du peuple).

CENDRILLON. Synonyme de *souillon*.

Femme sale, toujours fourrée dans la cheminée.

L'allusion est populaire (Argot du peuple).

CERVELLE (Estropié de) : Individu mal équilibré, idiot.

L'allusion se comprend (Argot du peuple). *N.*

CHABANNAIS : Faire du potin, du bruit.

Sardou s'est servi de cette expression, mais je n'en trouve nulle part l'explication (Argot du peuple).

CHABIER : S'évader d'une prison.

Ce mot est une corruption de *faire chibis* (V. ce mot, Dict. (Argot des voleurs).

CHACAL : Zouave.

Cet enragé *chapardeur* comme le *chacal* est rusé. (Argot des troupiers).

CHALLENGE : Cette expression est nouvelle, elle nous vient d'Angleterre, elle est appliquée à un concours d'escrime, dans les journaux spéciaux on dit : *challenge d'épée*, ce qui signifie : lutte de force, d'adresse en un mot *championnat* (Argot des salles d'armes). *N.*

CHANGEUR : Voleur qui pratique le libre-échange dans les cafés, en *changeant* son vieux paletot contre un neuf (Argot des voleurs).

CHAMPIGNON : Dans les villages, quand c'est la fête patronale, c'est le garde-champêtre qui distribue les emplacements aux marchands et aux forains. Allusion à ce que l'on rencontre le garde-champêtre au moment où on s'y attend le moins, il *pousse* partout comme le *champignon* (Argot des forains). *N.*

CHAMPIONNAT : Dans tous les genres de sports où des

champions se disputent le prix, on dit un *championnat*. (Argot des sportsman). *N*.

CHANOINE : Rentier gras comme un *chanoine* (Argot des voleurs).

CHANOINE DE MONTE-A-REGRET : Condamné à mort (Argot des voleurs).

CHANTÉ (Être) : Être dénoncé.

Allusion aux dénonciateurs que l'on nomme des *musiciens* (Argot des voleurs).

CHAPOTER LE MERLE (Se) : Synonyme de *bataille des jésuites*.

Chapoter doit être pris dans le sens d'*agiter* (Argot des voyous). *N*.

CHARCUTIER : Chirurgien des hôpitaux qui *charcute* impitoyablement les malades.

Allusion au *charcutier* (Argot du peuple).

CHARENTON : Buveurs d'absinthe.

Mot à mot : ils prennent une contremarque pour l'hôpital des fous (Argot du peuple).

CHARMEUR : Est une expression bien française, mais les voleurs s'en sont emparés et, dans leur lan-

gage, elle signifie tout autre chose que de *charmer* par la parole ou par le regard.

Quand des voleurs veulent dévaliser une maison gardée par des chiens, pour les empêcher d'aboyer et de donner l'alarme, ils les *charment* en leur donnant des boulettes de viandes préparées ou du fromage de gruyère. Ces boulettes sont quelquefois empoisonnées. Le chien se tait mais assurément n'est pas *charmé* (Argot des voleurs). *N*.

CHIARDER : Cette inscription étant ainsi conçue : « *Vénérables antiques, chiardez la prolonge et la levée des colles* » les élèves nous ont donné la traduction suivante :

« Vénérables anciens, demandez avec instance la prolongation de la sortie de ce soir et la levée des punitions. » *L L* (Argot de l'Ecole polytechnique).

CHIEN DE FUSIL (Être couché en) : Être replié sur soi-même.

Allusion au profil du *chien de fusil*.

Locution légendaire (Argot du peuple).

CHIEN PERDU : Quand il manque de la copie pour *justifier* une colonne de journal, le *metteur* réclame un fait divers pour faire la *pige* (Argot d'imprimerie).

CHIEN (Faire le) : Quand Madame va au marché et qu'elle se fait suivre de sa cuisinière qui porte le panier, la cuisinière fait le *chien* (Argot de cuisinière). *N.*

CHIENNEURS : Les tondeurs de chiens, qui parcourent les rues de Paris en criant : « Tond les chiens, coupe les chats, rogne les oreilles. Il y en a qui sont des artistes, qui tondent en *lion*, en *culotte*, font *les macarons* et *les initiales*.
    Ce sont des *chineurs*, *chienneurs* (Argot des camelots). *N.*

CHIFFARDE : Assignation à comparaître devant un tribunal (Argot des voleurs).

CHIFFARDE : La pipe.
    — Pas *mèche* de fumer ma *chiffarde*, pas de *saint-père* (Argot du peuple).

CHIFFE : Langue, *chiffon* rouge.
    Allusion de couleur, diminutif de *chiffon* (Argot des voleurs).

CHIFFONNÉ (être) : Avoir des ennuis.
    — Je suis triste ce ma-

tin, j'ai quelque chose qui me *chiffonne*.
    Synonyme de contrariété, vient du mot *archaiffonner* (Argot du peuple).

CHINE (Aller à la) : Les marchands de chiffons, ferrailles et de vieux habits vont à la *chine*.
    Il faut prendre ce mot dans le sens de longueur de voyage pour le chemin qu'ils font chaque jour (Argot des camelots).

CHIQUE (avoir sa) : N'être pas de bon poil.
    Synonyme de *grincher*.
    Allusion à la grimace que fait le *chiqueur* (Argot du peuple).

CHIQUER : Manger.
    Allusion aux efforts que fait le *chiqueur* pour mastiquer sa *chique* (Argot du peuple).

CHIRURGIEN EN VIEUX : Savetier établi dans une échoppe qui répare les vieilles chaussures (Argot du peuple).

CHASSER DES RELUITS : Pleurer (Argot des voleurs).

CHASSUE : Aiguille.
    Vient de *chasse* (yeux) Argot des voleurs).

CHAT : Geolier.
    Il y voit clair la nuit (Argot des voleurs).

CHAT (mon petit) : Terme d'amitié employé souvent dans un certain monde, vis-à-vis d'une jeune fille. *Chat*... V. *Tate-Minette* (Argot du peuple).

CHAT FOURRÉ : Juge. Il est *fourré* d'hermine (Argot des voleurs).

CHATTE : Pièce de cinq francs (Argot des filles).

CHATTEMITES : Vient du mot latin *catamiti*. Cette expression était employée par les Romains pour désigner une certaine catégorie de pédérastes, dans ce monde spécial elle est encore usitée aujourd'hui (Argot des antiphysiques). *N.*

CHATOUILLE (une) : Une chansonnette. Vieux terme de goguette. — Allons, *dégoise*-nous ta petite *chatouille* (Argot du peuple). *N.*

CHAUVIN : Homme qui est patriote à l'excès. Cette expression, sous l'Empire était appliquée aux bonapartistes fervents, elle nous vient d'un journal allemand (Argot du peuple).

CHEMIN DE FER : Jeu de de baccara. Allusion à la vitesse de ce jeu (Argot des joueurs).

CHEMINOT : Ouvrier qui parcourt les routes, les chemins. Mot à mot : il *chemine*. Synonyme de *trimardeur* (Argot du peuple).

CHEMISE DE CONSEILLER : Linge volé (Argot des voleurs).

CHENAILLER : Faire des reproches à quelqu'un. C'est une façon polie pour ne pas dire engueuler. — Je n'ai pourtant rien fait pour que tu sois toujours à me *chenailler* (Argot du peuple). *N.*

CHENU RELUIT : Bonjour (Argot des voleurs).

CHENU SANS LANCE : Bon vin sans eau. (Argot des voleurs).

CHENU SORGUE : Bonsoir (Argot des voleurs).

CHÉQUARDS : Les députés, ou du moins les cent quatre à qui on reprocha si vivement d'avoir reçu des *chèques* du baron de Reinach et du fameux Arton, coquins qui ne furent sauvés que grâce au président de la République que nous avons le bonheur de posséder (Argot du peuple). *N.*

CHÉTIF : En français veut dire malingre, faible. On

appelle, en argot, *chétif* l'apprenti maçon, sans doute parce que le métier est *chétif* (Argot du peuple).

CHEULARD : Homme qui a le gosier facile, qui boit beaucoup.

C'est les mots de *licheur* et de *lichard* associés (Argot du peuple).

CHEVAL (C'est un) : Homme dur au travail, qui ne rechigne jamais.

Allusion à la force et au courage du cheval (Argot du peuple). *N.*

CHEVAL DE RETOUR : Voleur en état de récidive (Argot des voleurs).

CHEVAL DE TROMPETTE : Homme que rien n'effraye. — Il est bon *cheval de trompette.*

Allusion au cheval qui aime le bruit (Argot du peuple).

CHÈROT : Quand, dans un restaurant, l'addition est salée, le client trouve que c'est *chérot*, coûteux.

Vient de *cher* (Argot du peuple).

CHEVALIER DE LA ROSETTE : Homme pour homme (Argot du peuple) *N.*

CHEVEUX : En trouver un dans la soupe.

Travail embêtant — l'ouvrier y trouve un *cheveu.*

Chercher des *cheveux* à quelqu'un, lui chercher querelle (Argot du peuple).

CHÉVRE (la gober) : Synonyme de *bouffer son cran* (Argot d'imprimerie).

CHEVILLARD : Boucher.

Aux abattoirs de la Villette les bouchers qui vendent en gros dans les échaudoirs les viandes abattues se nomment des *chevillards.*

Les moutons, les bœufs ou les veaux sont accrochés à des *chevilles* scellées aux murs.

De *chevilles, chevillards* (Argot des bouchers).

CHEVROTIN : Qui a sa *chèvre.*

Homme qui *ronchonne* sans cesse (Argot du peuple).

CHOCOTTE : Quand un chiffonnier ramasse dans une *Poubelle* un os gras dont il peut tirer parti.

C'est un os *chocotte* (Argot des chiffonniers).

CHOLÉRA : On sait que cette maladie est presque toujours impitoyable, et que quand un cholérique est dans une maison, c'est la peste.

On emploie cette expres-

sion aujourd'hui pour désigner une femme ennuyeuse,
bavarde, méchante, elle
apporte le *choléra*, la peste
partout où elle va par sa
médisance (Argot du peu-
ple) *N*.

CHOLETTE : Chopine.
— Dis-donc, la *mercan-
dière*, veux-tu nous *solir*
une *cholette* de *pivois*
sans *lance*? (Argot des voleurs).

CHOPINER : Boire une *chopine*.
Chopiner, voler.
Extension de *chopin*,
prendre
— La *fourgate* nous a
rudement *chopinés*, elle
nous a donné deux *siguer*,
des *frusques* qui valaient
un *talbin de milled* (Argot des voleurs).

CHOPINER : Ivrogne qui va
de marchand de vin en
marchand de vin boire
chopin; ce mot a donné
lieu à un axiome appliqué
à tous les pochards : il est
plus souvent chez le mas-
troquet qu'à l'Eglise (Argot du peuple).

CHOLET : Pain de fantaisie
(Argot des voleurs).

CHOU : Il est poussé sous
un chou, réponse à la de-
mande d'un enfant qui veut
savoir d'où vient son petit
frère ou sa petite sœur.

Dans un chou par aventure
On m'a trouvé, m'a-t-on dit,
On y fit une ouverture,
Et j'en sortis tout petit.
Cela s'peut, j'n' m'en souviens
.| guère,
Mais il est à présumer
Que d'ce chou-là mon père
Etait le seul jardinier.

(Argot du peuple).

CHOUFLIQUE : Savetier qui
retape tant bien que mal les
savates que l'on lui confie
(Argot des cordonniers).

CHOUFLIQUEUR : Mauvais
ouvrier, travaillant comme
un savetier.
— Son travail est *chou-
fliqué*.
On désigne aussi les cor-
donniers sous le nom de
Choufliques (Argot du
peuple).

CHOUÉ : Pincé a été remplacé par ce mot : Je suis
fait *chouette*, je suis pris
(Argot des voleurs).

CHOUETTE (faire la) : La
partie d'écarté se joue généralement à deux, mais il
arrive fréquemment que
trois camarades sont réu-
nis, alors l'un regarde et
fait la *chouette*, en atten-
dant de remplacer le per-
dant (Argot des joueurs).

CHOURIN : Les bohémiens
disent *chouri* pour *con-
teau*.

De là *chouriné* se servir du *couteau* (Argot des voleurs).

CHOURINER : Tuer quelqu'un à coups de couteau.

Ce mot vient des *Mystères de Paris*, d'Eugène Süe, il n'est plus employé parce qu'il n'est pas exact, on devrait dire *surineur*, qui vient de *surin* (couteau) (Argot des voleurs).

CHYLE (Se refaire le) : Faire un repas pantagruélique.

Les voleurs ne connaissent pourtant pas l'expression scientifique : *chyle*, qui porte la vie dans les vaisseaux *chylifères* (Argot des voleurs).

CIBOULOT : La tête.

Perdre le *ciboulot*, perdre la tête.

Se faire sauter le *ciboulot*. se brûler la cervelle.

Augmentatif de *ciboule* (Argot du peuple). *N.*

CIERGE : Soldat en grande tenue.

— Il est droit comme un *cierge* (Argot du peuple).

CIGALE : Pièce de vingt francs.

Elle rend en effet une douce musique dans la poche (Argot des voleurs).

CINQ (Il est moins) : Quand un individu évite un accident, il dit :

— Il était *midi moins cinq*, c'est-à-dire : s'il avait été à l'endroit où, par exemple, une cheminée tombait cinq minutes plus tard, l'accident lui serait arrivé.

Il est moins cinq, est aussi employé dans le sens négatif.

— Tu veux que je te prête un louis, il est *midi moins cinq* (Argot du peuple). *N.*

CIRARD : Élève de l'école Saint-Cyr.

Malgré que ces élèves soient de futures officiers. ils doivent *cirer* leurs chaussures.

De là, le jeu de mots : *cirard* (Argot de l'Ecole).

CISEAUX : Le nommé *ciseaux* joue un grand rôle dans les journaux qui ne payent pas leurs rédacteurs (Argot des journalistes).

CIVE : Herbe qui sert à la fourniture pour assaisonner la salade.

Diminutif de *civette* qui est le nom propre (Argot du peuple).

CLABAUDER : Ne veut pas dire comme le prétend M. Macé : nourriture et manger.

Ce mot veut dire : *débiner* ses amis, *clabauder* sur leur compte (Argot du peuple). *N.*

CLAIR COMME DE L'EAU DE BOUDIN : Affaire obscure, embrouillée.

Mot à mot : Affaire ténébreuse.

Allusion à la noirceur de l'eau qui sert aux charcutiers pour faire cuire le boudin (Argot du peuple). *N.*

CLAQUE (en avoir sa) : En avoir assez, en avoir plein le dos, chargé à en *claquer* (V. ce mot., Dict.) (Argot du peuple).

CLAQUE-DENTS : Maison de tolérance.

Après la satiété les *dents claquent* à celui qui y a mangé son argent (Argot des souteneurs)

CLARINETTE : Quand le troupier avait le fusil à bayonnette, modèle 1842, on disait *clarinette de cinq pieds* (Argot des troupiers).

CLÉ (A la) : Beaucoup.

Expression qui a pris naissances chez les acteurs et s'est propagé dans les faubourgs.

— Allons-nous faire une *vadrouille*, il y aura des femmes et une matelotte *à la clé*.

— Combien possèdes-tu?

— J'ai *dix balles à la clé* (Argot du peuple).

CLOPORTE : Concierge.

Comme le *cloporte*, il habite des loges humides et il *clos* la *porte* de la maison (Argot des voleurs).

CLOUS DE GIROFLE : Dents cariées, sales et pouries (Argot du peuple).

COCANGES : Coquille de noix qui servent aux camelots pour voler dans les foires (Argot des voleurs).

COCANGEUR : Voleur qui emploie les *cocanges* pour voler les paysans au jeu de la *Roubignote*.

COCARDIER: Troupier méticuleux qui passe son temps à astiquer son fourniment.

Extension de *cocarde* (Argot des troupiers). *N,*

COCOS : Faisans.

(Argot des braconniers). *N.*

COFFRE : Avoir un bon *coffre*, c'est être solide à vivre cent ans.

Allusion au *coffre-fort* incrochetable ((Argot du peuple).

COGNER : Quand deux individus se battent les spectateurs disent du plus fort, dont les coups tombent drus comme grêle sur son adversaire :

— Hein, comme le frère

cogne dur (Argot du peuple).

COLONNE (avoir chié la) :
— Cet imbécile-là s'i-
magine avoir *chié la co-
lonne.*
Synonyme de se *monter
le coup* (Argot du peuple).

COLONNE (en monter une) :
Bavard qui raconte une histoire interminable, sans
queue ni tête.
Allusion aux bas-reliefs
qui montent en spirale
autour de la *colonne Vendôme* (Argot du peuple).

COLOQUINTE : Tête.
— Je vais te *coller* un
pain sur ta sale *coloquinte.*
(Argot du peuple)

COLTIN : Espèce de collet
que portent les forts de la
Halle
De là, *colletiner,* porter
un fardeau (Argot des Halles).

COMBLANCE : Abondance.
J'avais par *comblance*
Giron'd Laguepé
Soiffant picton sans lance,
Pivois non *maquillé,*
Tirants passe à la *rousse,*
Attaches de *gratousses,*
Cambriot galuche,
Cheminant en bon *drille,*
Un jour à la Courtille.
Je m'étais enganté.
(Winter 1822) (Argot des
voleurs).

COMBLE : Cette expression

fut fort à la mode, en 1870,
dans les journaux mondains.
Le comble de la patience
c'est d'astiquer une lame de
sabre jusqu'à temps qu'elle
sente l'ail (Argot du peuple).

COMMANDITE : Les ou-
vriers typographes sont *en
commandite* pour compo-
ser un journal (Argot d'imprimerie).

COMBRE GALUCHÉ : Cha-
peau galonné (Argot des
voleurs).

COMBRÉE : Pièce de un
franc (Argot des voleurs).

CAMBROUSIER : Paysan.
(Argot des voleurs.)

COMMODE (La) : La Com-
mune de 1871.
Elle ne l'était pourtant
pas *commode* (Argot du
peuple).

COMPAS : Les jambes (Ar-
got du peuple).

COMPENSATION : Quand
un boursier a acheté des
valeurs, à deux heures, le
jour de la liquidation, un
cours s'établit qui se nomme le *cours de compensa-
tion* (Argot des boursiers).

COMPRENDRE (La) : Mener
une vie agréable.
Mot à mot, la mener
joyeuse et prendre la vie

comme elle est (Argot du peuple).

COMPLET : Être *complet*, être absolument plein de vin ou de nourriture.

Allusion à l'omnibus. (Argot du peuple.) *N*.

COMPLET : Habillement de drap de même couleur. (Argot du peuple.)

COMPTE (Avoir son) : Avoir reçu une *roulée* premier numéro.

— Mon vieux, il a son *compte*. (Argot du peuple.)

COMTE DE CARUCHE : porte-clefs.

On dit également *comte du canton* (gardien de la prison) (Argot des voleurs).

CONDITION : Acheter un objet *à condition*.

Entrer en *condition*.

Être dans de mauvaises *conditions* au point de vue des affaires (Argot du peuple). *N*.

CONDUITE : L'ouvrier qui se saoule et qui ne travaille pas, répond aux reproches de sa femme :

— Je vais acheter une *conduite*.

Mais comme *l'intention* n'est pas le fait, la *conduite* qu'il achète n'est que d'occasion (Argot du peuple). *N*.

CONDUITE DE GRENOBLE : Chasser les gens de cette ville à coup de bâton.

En 1890, de Villemessant put se rendre compte de ce que cette *conduite* a d'agréable (Argot du peuple).

CONE : La mort (Argot des voleurs).

CONFIRMER : Soufflet à la mode.

Allusion à la *confirmation* donnée aux enfants par l'évêque après leur première communion (Argot du peuple).

CONFITURE : Quand les usuriers prêtent à gros intérêts, ces intérêts sont des confitures.

Si elles sont sucrées pour les prêteurs elles sont rudement salées pour l'emprunteur (Argot des boursiers) *N*.

CONNAITRE (La) : Synonyme d'être à la *coule*.

— A moi, on ne me la fait pas, je la *connais dans les coins* (Argot du peuple).

CONSCIENCE (Homme de) : Typographe employé aux labeurs et non aux pièces (Argot d'imprimerie).

CONSERVATOIRE : le Mont-de-Piété :

Les objets qui y sont déposés sont tellement bien *conservés* que souvent on ne les revoit jamais (Argot du peuple).

CONSIGNE : Dans les postes on nomme ainsi le tisonnier du poêle (Argot des troupiers).

CONSIGNER : Quand le troupier est puni on le prive de sortie, il est *consigné* au quartier (Argot des troupiers) *N*.

CONSOLIDÉS : Fonds d'État dont la date de remboursement n'est pas fixée et dont on ne paie que les intérêts (Argot des boursiers).

CONTREMARQUE POUR LE PÈRE-LACHAISE : Expression qui était jadis employée pour désigner les médaillés de Sainte-Hélène qui étaient tous des vieillards (Argot du peuple).

CONTRIBUABLE : Il ne s'agit pas dans l'espèce de *contribuer* à un fait quelconque ou d'être *contribuable* de l'État, un individu dévalisé est le *contribuable* du voleur (Argot des voleurs).

CONTROLE : Autrefois, quant on marquait les forçats au fer rouge, sur l'épaule, cette flétrissure se nommait le *contrôle* (Argot des voleurs).

COPEAU : La langue.
Lever son copeau, bavarder comme une pie.
Arracher son copeau, manquer de respect à une jolie femme (Argot du peuple).

COQUARD : OEil à la *coque*, Coup de poing sur l'œil (Argot du peuple).

COQUILLE : Lettre placée pour une autre dans un mot, et qui en dénature le sens.
Paul de Saint-Victor écrivait : une *femme désolée*, on lui composa une *femme dessalée* ; il jouait en *sardine* pour *sourdine*.
L'édition de Victor Hugo lorsqu'il publia les *Chants du Crépuscule* fit faire une affiche, les typos composèrent les CHATS *du Crépuscule*; on fit corriger la faute, elle devint plus énorme car on put lire sur les murs de Paris : *les chats sont des crapules.*
La plus stupéfiante des *coquilles connues* fut celle-ci :
Dans un livre de messe approuvé par l'évêque, au moment de l'élévation, on lisait ceci :
— Ici le célébrant ôte sa *culotte* pour *calotte* (Argot d'imprimerie) *N*.

COQUILLARD (Se tamponner le) : Rigaud dit que ce mot

veut dire *œil*, et Lorédan-Larchey ajoute que c'est le diminutif de *coquard* (œil).

Coquillard veut dire *oreille*, allusion de forme ; l'oreille, ressemble en effet à une *coquille*.

Se *tamponner le coquillard*, mot à mot, je m'en *bouche l'oreille* (Argot du peuple) *N*.

COQUILLON : Pou.

Allusion au capuchon que l'on portait autrefois relevé sur la tête et qui se nommait un *coquillon* (Argot du peuple).

CORBEILLE (la) : C'est une sorte de rond, garni d'une balustrade qui est dans l'intérieur de la Bourse, c'est dans cet espace que se tiennent les agents de change.

Comme ils tournent, crient hurlent, se démènent comme des fauves, on a surnommé la *corbeille la cage à Bidel* (Argot des boursiers).

CORDE : Dormir à la *corde*.

Chez le père Jean, rue des Trois-Bornes, pour trois sous, les *Giverneurs* pouvaient dormir appuyés sur nne *corde*. Le matin, les *pionceurs* qui avaient le sommeil trop dur et ne voulaient pas s'éveiller s'éveillaient quand même : le père Jean décrochait la *corde*, et ils tombaient tous sur les dalles (Argot du peuple). *N*.

CORNET D'ÉPICES : Capucin.

Allusion à la couleur marron de la robe de ces religieux (Argot des voleurs).

CORVÉE : Les voyous emmènent une fille dans les champs et lui passent sur le corps à tour de rôle ; c'est la passer à la *corvée* (Argot des voyous).

COSNIEL : Le trésorier des voleurs.

Je ne vois pas bien la raison de ce qualificatif. Ce ne peut être que le nom de celui qui fut le premier trésorier des voleurs, nom qui est resté dans la circulation (Argot des voleurs).

COSTAUX : Homme très fort.

Homme riche, homme bien mis :

— Fil-de-Soie est rien *costaux ;* il a sans doute *dégringolé* un *pante*.

Augmentatif de *Costel* (V. ce mot. Argot du peuple). *N*.

COSTIÈRE : Les grecs, pour dissimuler leur argent, le mettent dans une poche secrète pratiquée sur le devant du gilet,

Vient sans doute de ce que cette poche est sous les côtes (Argot des grecs).

COTE (Être à la) : N'avoir pas le sou, traverser un passage difficile.

Allusion à une côte dure à gravir. Le cheval de renfort, c'est l'argent (Argot du peuple).

COTE (Frères de la) : Commis d'agent de change.

Jeu de mot qui vient de la côte de la Bourse : *frère de la côte* (Argot des boursiers). *N.*

COTÉ JARDIN : Coulisse à la droite du spectateur (Argot de théâtre).

COTÉ COUR : Coulisse à la gauche du spectateur (Argot de théâtre).

COTERIE : Synonyme de *Chapelle.*

Tous les groupes forment une *coterie*, aussi bien les députés que les ouvriers.

Lorsque les compagnons faisaient leur tour de France, il était de coutume qu'ils s'interpellassent.

— La *coterie*, quelle profession ?

— Passe au large, tu n'es pas de la mienne. (Argot du peuple).

COTON (En avoir) : Ne pouvoir achever un travail.

— Nom de Dieu, *mince de coton !* Merde pour le *turbin !* (Argot du peuple). *N.*

COUCHER DEHORS (Avoir une gueule à) : Figure qui déplaît et que personne ne veut accueillir (Argot du peuple).

COUDE (Adroit du) : Lever le coude. Boire.

— Mon homme ne *turbine* plus, il passe son temps à *lever le coude* (Argot du peuple) *N.*

COUENNE (Paquet de) : Garde national.

Allusion à la tenue grotesque des soldats citoyens (Argot du peuple). *N.*

COUINER : Larmoyeur.

Synonyme de *pleureur.*

— Il *couine* en parlant (Argot du peuple).

COULISSE (La) : Pour se rendre au *parquet*, les agents de change avaient à passer entre une double clôture en bois formant allée et qui était mobile sur *coulisse*, forcément, ils rencontraient sur leur passage des spéculateurs qui, accoudés sur la balustrade, leur apportaient des affaires toutes faites.

Ce groupe fut surnommé la *coulisse* (Argot des boursiers).

COULISSIERS : Spéculateurs qui furent baptisés ainsi par allusion à *la coulisse* sur laquelle ils s'appuyaient (Argot des boursiers). V. *coulisse*.

COUP DOUBLE : Deux jumeaux.

Ce mot peut se passer d'explication (Argot du peuple). *N.*

COUP DE PIED DE VACHE: Coup de pied ou ruade demi-circulaire, qui peut casser le tibia d'un individu d'un coup. C'est un coup employé généralement par les malfaiteurs pour se débarrasser d'un agent (Argot des voleurs).

COUP DE CHANCELLERIE: Coup d'arpin, synonyme de collier de force.

Le lutteur, habilement et traitreusement, *chauffe* la tête de son adversaire sous son bras et le renverse.

Corruption de *chanceler* avec une finale (Argot des lutteurs). *N.*

COUP DE PICTON : Avoir trop *picté*, c'est-à-dire avoir trop bu de *picton* (vin) (Argot du peuple).

COUP DE FOURCHETTE: Dans une lutte, fourrer les deux doigts dans les yeux de son adversaire, c'est lui faire le *coup de fourchette*.

Allusion au temps où la *fourchette* n'avait que deux dents.

Coup de fourchette, bien manger (Argot du peuple).

COUP DE FUSIL : La *bande noire* achète des marchandises qu'elle ne paye pas et qu'elle revend en bloc argent comptant.

Cela se nomme un *coup de fusil* (Argot des voleurs) *N.*

COUP DE MANCHE : *Mendigot* qui va à domicile et qui tend la main.

Mot à mot : la main sort la *manche* (Argot du peuple).

COUP DE SIROP : Être saoul comme une grive.

Le vin, comme le *sirop* se boit sans amertume (Argot du peuple).

COUP DE TORCHON : Se battre.

Synonyme de se *torcher* (Argot du peuple).

COUP DE PIED : Demander de l'argent d'avance sur sa paye (Argot d'atelier).

COUPÉ (Être) : N'avoir pas le sou dans sa poche, ne pouvoir manger ni boire.

Mot à mot : avoir la vie *coupée* (Argot du peuple).

COUPER DANS LE PONT :
Croire facilement ce que
l'on vous raconte.

Au jeu du *petit paquet*,
le banquier plie les cartes
d'une certaine façon, il force son adversaire à *couper
dans le pont* (Argot du
peuple).

**COUPER DANS LA POM-
MADE :** Se laisser trom-
per.

Allusion aux ouvriers
ébénistes qui *pommadent*
les vieux meubles pour en
faire des neufs (Argot du
peuple).

COURIR (Se la) : Fuir.

— J'ai tellement eu le
trac que je *cours* encore
(Argot du peuple).

COURS MOYEN : Terme
moyen entre le plus haut et
le plus bas prix coté sur
une valeur de Bourse (Ar-
got des boursiers).

COURTAGE : C'est le droit
perçu par les agents de
change pour leur commis-
sion, droit de un quart pour
cent, 0,25 pour cent francs
(Argot des boursiers).

COUTURASSE : Mauvaise
couturière qui gâche l'ouvrage qu'on lui confie.

On dit également : *cou-
turière à la mie de pain*
(Argot du peuple) *N*.

COUVERTURE : C'est une
provision en titres ou en
espèces déposée par le client
chez l'agent de change pour
le garantir contre les ris-
ques de l'opération.

Chose bizarre, l'agent de
change ne délivre pas de
reçu de ces sommes (Argot
des boursiers).

COUVRANTE : Casquette.
Elle *couvre* en effet la
tête (Argot des voyous).

COUVRE-AMOUR : Chapeau
haut de forme.

Allusion à l'*amour* qui a
son siège dans la tête (Argot des bourgeois).

CRACHER : Le voleur qui
fait des aveux au juge d'ins-
truction, *crache* ce qu'il a
sur la conscience (Argot
des voleurs).

CRACHER SON AME : Mourir.

Expression employée par
les infirmiers d'hôpitaux,
surtout par ceux qui soi-
gnent les poitrinaires.

Ils disent aussi *cracher
son dernier poumon* (Ar-
got du peuple).

CRACHOIR (tenir le) : Parler longuement pour ne
rien dire.

. . . .

Pèr' du *gerbier*, qui veux que
    | tout s'explique,
Dit en *carant* sa *frime* dans
    | son *blavoir* :

Assez causé, *bécheur*, pose
| ta chique.
C'est au *parrain* à tenir le
| crachoir.
(Argot des voleurs).

CRAMER UNE SÈCHE :
Fumer une cigarette.
On dit aussi : en *griller
une* (Argot du peuple).

CRAPAUD (œil de) : Ancienne
expression pour désigner
une pièce de vingt francs,
elle était plus juste que
celle de *sigua*, employée de
nos jours, car elle faisait allusion à la croyance populaire que le crapaud a l'œil
fascinateur (Argot des voleurs).

CRAPOUSSIN : Diminutif de
crapaud, moutard.
— Ce que ce sale *cra-
poussin* est dégoûtant, c'est
à donner des douleurs à
une jambe de bois (Argot
du peuple). *N*.

CRAPULOS : Cigare d'un
sou.
Allusion à la modicité de
son prix qui le met à la
portée de tous (Argot du
peuple). *N*.

CRAVATE DE CHANVRE :
Corde.
— J'ai assez de la vie,
je vais me payer une *cra-
vate de chanvre*.
Mot à mot : se pendre
(Argot du peuple).

CRÉDIT NUMÉRO UN :
Négociant bien coté sur la
place de Paris et en banque.
Il existe aussi des indi-
vidus qui n'ont qu'un mo-
bilier sommaire et un loyer
de cent cinquante francs
par an qui sont cotés *numéro un*.
Ce phénomène s'explique
par ceci : l'homme donne
sa signature. A l'échéance,
le négociant fait les fonds
tant que les valeurs sont
payées, les agences de ren-
seignement disent : *crédit
numéro un* d'un homme à
qui on ne prêterait pas
vingt sous (Argot des boursiers). *N*.

CREDO : Crédit.
— J'ai *credo* chez le Bis-
tro.
Ou bien encore :
— Le *credo* est coupé
(Argot du peuple) *N*.

CRÉPINE : Bourse.
Cette expression qui s'applique à toutes les bourses
ne désignait primitivement
que celles en cuir. *Saint
Crépin* étant le patron des
cordonniers, *crépin*, *crépine* (Argot des voleurs).

CREVAISON (Faire sa) :
Mourir.
Augmentatif de *crever*
(Argot du peuple).

CREVANT : Rire à en *cre-
ver*.

— J'ai été hier aux *funamb'* j'ai tellement ri que j'ai failli en *crever* (Argot du peuple).

CREVARD : Enfant mort-né.
— Quand le matin la *comète* passe portant le petit cercueil, sans se découvrir, les voyous disent :
— Tiens, ils *trimballent* le *crevard* (Argot des voyous).

COUILLE D'AUVERGNAT : Cervelas que vendent les charcutiers pour la somme de quinze centimes.
Allusion à sa forme ronde (Argot du peuple).

CORNICHON : élève de première année à l'école polytechnique (Argot de l'école).

CORNICHONS : Imbécile, naïf, genre de badaud qui prend tout ce qu'on lui dit pour de l'argent comptant.
Synonyme de bêtise (Argot du peuple).

CORNICHON : D'après Vidocq, *cornichon* veut dire veau, c'est-à-dire fils de *cornante*, expression qui signifie : vache, bœuf, animaux cornés (Argot des voleurs).

CONSCIENCE : V. *violon*.

CREVÉ (Petit) : Le *gommeux* de nos jours, le *gandin* de jadis.

Allusion à la nature mièvre et émaciée de ces petits *fêtards* qui prennent sur les nuits pour allonger les jours, mais qui, en réalité, raccourcissent les leurs (Argot du boulevard).

CRI : Ce mot remplace le mot *chic*, bien, rupin, il est nouveau.
Une toilette élégante est du *dernier cri*.
Vient de *cri* d'admiration (Argot du boulevard) *N.*

CRIBLER : Crier (Argot des voleurs).

CRIBLER AU CHARRON : Crier au voleur (Argot des voleurs).

CRIBLEUR DE MALADES : L'*aboyeur* chargé dans les prisons d'appeler les détenus au parloir (Argot des voleurs).

CRIN : Individu toujours en colère.
Synonyme d'être à *cran*.
— Il est comme un *crin*, pas moyen de le toucher (Argot du peuple).

CROCHETEUR : Homme mal élevé, grossier, brutal (Argot du peuple).

CROCODILE (Verser des larmes de) : Faire semblant de pleurer.
L'héritier qui conduit

un oncle à héritage au cimetière, pleure des *larmes
de crocodile.*

Vieille expression (Argot
du peuple). *N.*

CROCODILE : Usurier, voleur
comme un juif allemand.

Banquier qui vole les
gogos.

On connaît la voracité
du *crocodile* (Argot du
peuple.)

CROCODILE : Etranger sui-
vant par autorisation les
cours de l'Ecole de Saint-
Cyr.

Ils ne dévorent pourtant
pas leurs professeur (Ar-
got de l'Ecole).

CROTTARD : Trottoir,

Cette expression n'est
bonne que les jours de
pluie, car, malgré les *lan-
ciers* du Préfet, les trottoirs
sont des lacs de boue (Argot du peuple).

CROUPIR DANS LE BATI-
MENT : Ne pas digérer les
aliments ce qui fait sentir
mauvais de la bouche.

Synonyme de *carotte*
dans le plomb (Argot du
peuple).

CRUCHE : Imbécile lourd et
épais.

— Ce que tu es *cruche*,
mon pauvre vieux, c'est un
bonheur.

Une *cruche* n'est pour-

tant pas plus bête qu'un
autre vase (Argot du peu-
ple).

CRUCIFIÉ : Décoré.

Plus d'un qui, aujour-
d'hui porte le ruban rouge
pourrait, comme Schnerb,
l'ancien préfet, entrer dans
une église et se jeter aux
pieds du Christ en disant :

— Seigneur, qu'avons-
nous fait toi et moi pour la
mériter ? (Argot du peu-
ple) *N.*

CUBE : Elève de troisième
année (Argot des écoles)

CUCURBITACÉ : Imbécile.

Synonyme de *melon* qui
appartient à cette famille.

On dit également : *bête*
comme un *melon* (Argot
du peuple). *N.*

CUEILLIR : Prendre.

— J'ai été *cueilli* au saut
du *pieu.*

Mot à mot : J'ai été pris
(Argot du peuple). *N.*

CUIR DE BROUETTE : Sa-
bots ou galoches.

Ils sont en bois et on sait
que le bois sert à fabriquer
les brouettes (Argot du
peuple).

CUIRE DANS SON JUS :
Laisser quelqu'un *cuire
dans son jus*, signifie le
laisser en repos, cela veut
dire aussi étouffer de cha-

leur dans un théâtre ou dans une foule.

Allusion au rôti qui *cuit* dans le four (Argot du peuple).

CULBUTE : (faire la).

Quand un marchand, n'importe lequel, achète par exemple un objet 50 francs et qu'il le revend 100 francs cela se nomme *faire la culbute*, c'est-à-dire : doubler son capital (Argot des marchands d'habits). *N*.

CULOT : Le dernier né d'une famille (Argot du peuple).

CULOT (Avoir du) :

Synonyme d'audace, de toupet.

— Il en a du *culot* ce gaillard-là, d'avoir *cambriolé* en plein jour (Argot du peuple). *N*.

CULOTTER (Se) : Le pochard prend une *culotte*.

Allusion au *culotteur* de pipe (Argot du peuple).

CUVER : L'ivrogne *cuve* le vin qu'il a bu.

Allusion à la fermentation qui se produit dans son estomac par les mélanges, identique à celle qui se produit au moment de la vendange dans la *cuve* du vigneron.

Il est des ivrognes qui font trois *cuvées* par jour (Argot du peuple). *N*.

CYCLOPE : Le faire éternuer.

Expression difficile à expliquer.

Généralement la première nuit de noce, le marié, fait *éternuer son cyclope* (Argot du peuple). *N*.

D

DABICULE : Le fils du pa-
tron.

Diminutif de *dab* (père)
(Argot du peuple).

DABOT : Préfet de police
(Argot des voleurs).

DACHE : Diable.

Lorsqu'on veut envoyer
quelqu'un promener, on lui
dit : d'*aller à dache*.

Quand on a affaire à un
raseur par trop obstiné,
on l'envoie à *Dache le per-
ruquier des zouaves* (Ar-
got des voleurs). *N.*

DALLE : Pièce de cent sous
(Argot des voleurs).

DALLE : La gorge.

On *s'arrose* ou on se
rince la dalle.

Arrosons-nous la *dalle*
La *dalle,*
Arrosons-nous la *dalle*
Du *cou.*

(Argot du peuple).

DANSER DEVANT LE BUF-
FET : N'avoir rien à se
mettre sous la dent.

L'allusion se comprend ;
synonyme d'*aller voir défiler les dragons* (Argot du
peuple).

DARON DE LA RAILLE :
Le préfet de police.

Mot à mot, le père de la
rousse (Argot des voleurs.

DARONNE DU DARDANT :
La déesse Vénus.

Daronne, mère ; *dar-dant,* amour.

Mot à mot : *la mère des amours* (Argot des voleurs).

DARONNE DU GRAND AURE : La sainte Vierge.

Je n'ai pu trouver nulle part la signification du mot *aure,* à moins que ce ne soit le diminutif *d'auray* (Argot des voleurs).

DAUFFE : Variété de la *pince monseigneur.*

Son extrémité ressemble à la queue du poisson qui porte le nom de *dauphin.*

Dauffe par abréviation (Argot des voleurs).

DAUSSIERE : Fille publique.

Ce doit être une corruption de *dossière,* partie des harnais posé sur le *dos* des chevaux (Argot du peuple).

DAVONE : Prune (Argot des voleurs).

DÉBACLER : Ouvrir.

C'est la corruption du mot *déboucler.*

— La *lourde est débouclée* (Argot des voleurs).

DÉBANQUER : Faire sauter la banque (Argot de bourse).

DÉBARBOUILLER (Savoir se) : Savoir se tirer d'embarras :

Synonyme de *débrouillard.*

Lorsque le temps est sombre, pluvieux, et que le soleil apparaît après un jour d'orage, on dit :

— Le temps se *débarbouille.* (Argot du peuple).

DÉBARQUER : Ne veut pas dire *renoncer.*

Débarquer un individu, le *renvoyer.*

Mot à mot, le *débarquer* du navire (Argot du peuple). *N.*

DÉBAUCHER : Quand un ouvrier ne fait pas l'affaire, le patron le *débauche,* le congédie (Argot du peuple).

DÉBINEUR : Celui qui *débine* (V. ce mot, Dict (Argot du peuple).

DÉBOBINER : Parler, raconter ses petites affaires.

— Allons, *débobine*-nous ton petit *boniment.*

Synonyme de *dégoiser* ou de *dévider son chapelet.*

Allusion au fil qui se déroule de la *bobine* (Argot du peuple). *N.*

DÉBONDER : Fournir de la marchandise à la compagnie Richer (Argot du peuple). *N.*

DÉBOUSCAILLER : Décrotter.

Ce doit être une corruption de *démouscailler*, *mouscaille*, crotte (Argot des voleurs).

DÉBRICABRAQUÉ : Un *bric-à-brac* monte sa boutique de *bric* et de *broc*, ric-à-rac (petit à petit).

On construit une pièce avec différents morceaux, un *béquet* par-ci, un *béquet* par-là. Si elle ne plaît pas au directeur, il faut que l'auteur la retape, qu'il la *débricabraque*.

Mot à mot, qu'il la démolisse pour la *rebricabraquer* (Argot du peuple). *N.*

DÉBRIDER : Ouvrir.

Débrider vient de *débridoir*, clef (Argot des voleurs).

DÉBOUCLANT : Le geôlier qui *déboucle* son prisonnier.

Mot à mot, ouvrir la porte. (Argot des voleurs.) *N.*

DÉBOULONNER : Rigaud dit *Vendre*.

Déboulonner date de 1871 lorsque les communards *déboulonnèrent* la colonne Vendôme. Depuis lors, faire tomber un homme, c'est le *déboulonner* (V. ce mot, Dict.(Argot du peuple). *N.*

DÉCADENER : Quand le gendarme ôte le *cabriolet* d'un prisonnier, il le *décadene*.

Mot à mot : il le déchaîne.

On dit également *dédurailler* (Argot des voleurs).

DÉCATI : Se *décatir*, vieillir.

— Ah ! que cette vieille rosse est *décatie*, elle marche pourtant tout de même (Argot du peuple).

DÉCAVÉ : Avoir tout perdu au jeu ou dans les affaires, être absolument ruiné.

— J'ai lâché mon monsieur, il était *décavé*.

Cette expression vient de ce que, à Bade et à Monte-Carlo, les joueurs pour *miser* disent *caver* (Argot des filles).

DÉCEMBRAILLARD : Le coup d'État de décembre 1851 a donné ce nom aux partisans de Napoléon qui *braillaient* : Vive l'Empereur.

Accouplement des deux mots : *décembre-braillard* (Argot du peuple).

DÉCHIRER SON TABLIER : Mourir.

Allusion à la bonne qui rend son tablier et quitte sa place (Argot du peuple) *N.*

DÉCHIREUR : Les débardeurs qui *déchirent* les bateaux hors de service.

Ils les *déchirent* planche par planche (Argot du peuple).

DÉCLASSÉ : Homme dévoyé.

Ce mot est plus que jamais à la mode de nos jours, grâce à la maladie du *fonctionarisme* (Argot du peuple) *N*.

DÉCOGNOIR : Le nez.

Dans les imprimeries, autrefois, pour caler les coins dans les formes, on se servait d'un morceau de buis a bout aminci comme le nez.

Allusion de forme (Argot d'imprimerie).

DÉCOLLER : Objet qui se casse.

— Ça se *décolle*.

En politique, quand cela va mal : ça se *décolle* (Argot du peuple) *N*.

DÉCROTER : Ce mot a plusieurs significations.

Décroter, manger.

— Ah ! mon vieux, ce qu'il *décrotte* un gigot, c'est renversant.

— Pas moyen de *décroter* cet imbécile, il restera toujours *indécrotable*.

On dit également :

— Il n'est pas capable de *décroter* mes bottes, pour dire : il est bien au-dessous de moi (Argot du peuple) *N*.

DÉCOUVERT (Vendre ou acheter à) : *Vendre* à la Bourse des valeurs que l'on ne possède pas et les *acheter* sans argent.

A la fin du mois la liquidation donne le chiffre de la somme que doit payer le *haussier* ou le *baissier* (Argot de bourse).

DEDANS : Tromper quelqu'un, lui faire croire à des choses imaginaires, le voler.

— Je lui ai vendu des actions qui ne valaient pas quatre sous, je l'ai fourré *dedans*.

DEDANS (Mettre) : boucler un prisonnier.

Mettre dedans, synonyme de *mettre au chaud* (Argot du peuple) *N*.

DÉDIRE CHER (Se) : Être à l'agonie.

C'est, en effet, assez *cher* de se *dédire* de la vie (Argot des voleurs).

DÉDURAILLER : Déferrer.

Cette expression n'est employée que dans la marine, depuis que l'on ne ferre plus les forçats (Argot des voleurs).

DÉFAIT : Tous les livres qui rentrent chez l'éditeur avec la couverture abîmée ou auxquels il manque des pages sont des *défaits*.

L'expression s'explique d'elle-même : les livres sont *défaits* (Argot des libraires),

DÉFALQUER : Vider ses entrailles, en effet les aliments se *défalquent* des intestins (Argot des voleurs).

DÉFARDEUR : Voleur, (Argot du peuple).

DÉFIGER : Béchauffé.

— Depuis six mois seulement que nous sommes mariés, ma femme est tellement glacée qu'elle m'enrhume du cerveau, pas moyen de la *défiger* (Argot du peuple) *N*.

DÉFILER SON CHAPELET : Quand deux commères se disputent. C'est un déluge de paroles et d'épithètes interminables.

— As-tu vu comme je lui ai *défilé mon chapelet.* Allusion au *chapelet* qu'une dévote fait tourner toute sa vie dans ses mains sans en trouver la fin (Argot du peuple) *N*.

DÉFRIMOUSSER : Regarder quelqu'un avec persistance (V. *frimousse*, Dict.) (Argot du peuple).

DÉFRISER : Espérer en quelque chose et ne pas réussir)

— Tu parais triste.

— Oui, ma femme m'a plaqué, ça me *défrise*.

Quoique chauve, on peut être *défrisé* (Argot du peuple). *N*.

DÉGELER : Se déniaiser, recouvrer sa liberté d'esprit, dit A. Delvau. C'est une erreur, *dégelé* veut dire mourir,

— Mon pauvre homme est *dégelé* (Argot du peuple) *N*.

DÉGOMMÉ : Perdre sa place, mourir, tomber d'une haute situation dans la misère, vieillir avant l'âge, tout ça c'est du *dégommage* (Argot du peuple). *N*.

DÉGOULINER : Mot très en usage dans les ateliers où l'on boit chacun son tour à la bouteille, le vin ou l'eau *dégouline* : de *goutte* et de *gosier* (Argot du peuple). *N*.

DÉGRIMONER : Se tourmenter.

Vient de deux mots : *Aigri* et *marronner* (Argot des bourgeois).

DÉGUI : Abréviation de *déguisement* (Argot des voleurs).

DÉGROSSIR : Découper de la viande. A. Delvau.

Sens mauvais, *dégrossir* commencer un ouvrage

qu'un autre ouvrier achève.

Une femme grosse se *dégrossie* lorsqu'elle est accouchée.

Un paysan qui débarque dans Paris se *dégrossit* au frottement des Parisiens (Argot du peuple). *N.*

DÉJETÉ : Individu mal fait.

Se prend aussi en sens contraire :

— Elle n'est pas *déjetée* la petite mère.

Pour elle est *bien faite* (Argot du peuple). *N.*

DÉLÉGATIONS. — C'est une autorisation donnée à quelqu'un par acte sous seing privé ou notarié pour toucher une somme due.

Se dit aussi d'une pièce qu'échangent les agents de change entre eux pour compenser sans mouvements de fonds les titres qu'un client, par exemple, peut attendre de l'un d'eux et qu'il doit à un de leurs collègues à la même liquidation (Argot des bourgeois).

DÉMAQUILLER : Défaire une chose convenue.

Quand un *nourrisseur de poupard* a préparé une affaire et que le vol a été fixé à tel jour ou à telle heure, si les complices craignent un danger, on *démaquille* (Argot des voleurs).

DEMOISELLE DE MAGASIN : Homme aux allures efféminées.

Expression nouvelle appliquée aux gens imberbes qui appartiennent à une certaine catégorie de pédérastes, ou qui, par genre, affectent d'en faire partie en en prenant les allures (Argot du peuple). *N.*

DÉMORFILLER : Les Grecs pour reconnaître une carte lui font une marque imperceptible; cela se nomme *morfiller*.

Démorfiller, effacer sa marque (Argot des Grecs). *N.*

DÉMOLIR : Tuer ou renverser quelqu'un.

— Le ministère a été *démoli*.

— Il faut *démolir* sa réputation (Argot du peuple).

DENAILLE : Saint Denis.

Déformation du mot par le changement de finale (Argot des voleurs).

DENIER A DIEU : Quand on loue un logement, il est d'usage de donner de l'argent à la concierge, c'est le *denier à Dieu*, s'il n'est pas rendu dans les 24 heures, la location est conclue.

Les concierges disent le *dernier adieu*, cela est vrai pour le locataire qui peut dire un *dernier adieu* à sa pièce de cent sous (Argot du peuple). *N.*

DENT (Au porte-manteau) : N'avoir rien à manger, littéralement n'avoir rien à se mettre sous la *dent* (Argot du peuple). *N.*

DENT (En avoir une contre quelqu'un).
Synonyme de rancune.
— J'ai gardé une *dent* contre lui (Argot du peuple). *N.*

DEPAGNOTER : Se lever, sortir du lit (Argot du peuple).

DEPORT : C'est l'indemnité payée à l'acheteur par le vendeur à découvert, lorsque, le titre étant rare, il préfère renvoyer le règlement de son opération à la liquidation suivante (Argot des boursiers).

DÉRAILLÉ : L'homme ou la femme qui quittent la *bonne voie déraillent.*
— Ma femme fait le trottoir, elle a *déraillé* (Argot du peuple). *N.*

DESCENDRE UN PANTE : Tuer un bourgeois.
Synonyme de *dégringoler* (Argot des voleurs).

DESSALER UN SAINT : Quand la bande des *dessaleurs* repêchait un *mac-*

chabée dans le canal Saint-Martin pour toucher la prime, ils nommaient cette opération : *dessaler un saint* (Argot des voleurs). *N.*

DESSALÉE : Fille ou femme de mauvaise vie. *A. D.*
Dessalé est synonyme *d'affranchi.*
Quand un paysan arrive à Paris, il est emprunté, gauche, embarrassé, peu à peu au contact des parisiens il se dégourdit, alors on dit : il se *dessale* (Argot du peuple). *N.*

DESSALER (se) : Boire le lundi matin le vin blanc sur le zinc pour se *dessaler* la gueule qui est *salée* par la beuverie du dimanche (Argot du peuple).

DESENTIFLER (se) : Quitter sa maîtresse ou son amant.
Mot à mot : divorcer sans le secours de la justice (Argot des voleurs).

DETACHEMENT : Expression employée pour marquer qu'un coupon étant mis en payement, l'acheteur porteur du titre n'y aura plus aucun droit.
Le coupon des rentes se *détache* en bourse quinze jours avant l'époque de son échéance (Argot des boursiers).

DÉTALER (s'enfuir au plus vite :
— Pas *mèche* de le *chopper*, il *détale* comme un cerf (Argot du peuple).

DÉTAROQUER : Démarquer le linge volé (Argot des voleurs).

DÉTELER : Être trop vieux pour courir les femmes.
Il faut *deteler*.
Etre trop vieille pour attirer les hommes.
Il faut *dételer* (Argot du peuple).

DEUIL (il n'y en a pas) : Tout va bien, il n'y a nul danger.
— Faites telle chose.
— Il n'y a pas de *deuil* (Argot du peuple). *N.*

DEUIL : Etre en *deuil* de sa blanchisseuse, être sale, avoir les ongles en *deuil*, allusion au noir qui les borde (Argot du peuple).

DÉVEINARD : Le contraire du *veinard*, homme qui ne peux réussir à rien.
Déveinard, augmentatif de *déveine* (Argot du peuple).

DÉVIDAGE : Bavardage insipide, parler pour ne rien dire (Argot des voleurs).

DIFFÉRENCES : C'est l'écart qu'il y a entre les sommes que le vendeur ou l'a-cheteur aurait à débourser.
Un boursier a ainsi défini cette opération :
— Quand la *différence* est en ma faveur, j'empoche; dans le cas contraire, je ne paie pas. Voilà la *différence*. (Argot des boursiers).

DILIGE : Fiacres ou omnibus sont des *diliges*, abréviation de *diligence* (Argot des voleurs).

DINGUEUSE : Pendule.
Allusion au marteau qui frappe la cloche. Il *dingue*.
— Voilà douze *plombes* qui se *décrochent* à la *dingueuse* de l'*antonne*. L'a-*minche* en a encore cinq à *sorguer* avant d'*éternuer dans le sac.* (Argot des voleurs). *N.*

DIVIDENDE : C'est la part de bénéfice qui revient aux actionnaires dans une af-faire (Argot des boursiers).

DONNEUR D'AFFAIRES : Complice qui indique les vols à commettre (Argot des voleurs).

DONT : *Dont*, 1 franc ; *dont*, 50 centimes.
Ce terme est employé dans une opération de bour-se à terme qui consiste à acheter ou vendre une va-

leur qu'on ne possède pas et qu'on pourrait se dispenser de *lever* ou de *livrer* moyennant le payement d'une prime de 1 franc ou de 50 centimes par 5 francs de rente (Argot des boursiers).

DOUBLE : Sergent-major
Allusion aux *doubles galons* (Argot du troupier).

DOUZAINE (La) : Quand un voleur habitué des prisons va comparaître en cour d'assises, il souhaite toujours avoir affaire à une bonne *douzaine*.
Chacun sait que les jurés sont au nombre de *douze* (Argot des voleurs).

DREYFUSARD : Partisan du traître *Dreyfus*.
Cette expression date de 1898, époque à laquelle la France se partagea en deux camps, les partisans et les adversaires du traître (Ardu peuple). *N*.

DROGUE : Demande.
— Le mastroquet *drogue* à sa *larque* : Connobres-tu les *gonces* ! Faut-il *déboucler* la *lourde* ? (Argot des voleurs).

DUCHESSE : Se dit d'une femme chef d'une bande de voleurs, on emploie aussi cette expression par ironie vis-à-vis d'une fille du commun qui veut prendre des grands airs et faire des manières : elle tourne son cul comme une *duchesse* (Argot du peuple) *N*.

DURILLON : Cocher qui est brutal pour ses chevaux.
DURILLON, augmentatif de *dur* (Argot des cochers) N.

E

EAU BÉNITTE DE CAVE : Vin.

Chacun sait que la plupart des *mastroquets* ont une pompe à eau dans leur cave pour baptiser le vin, de là *eau bénite de cave* (Argot du peuple).

ÉBASIR : Assassiner (Argot des voleurs).

ÉBAUBI (Être) : Être étonné, surpris.

Synonyme d'*épaté*.

— C'était tellement beau que j'en suis resté *ébaubi* (Argot du peuple).

ÉBOUFFER (s') : Rire à en perdre haleine.

Synonyme de *s'esclaffer* (Argot des gens de lettres).

ÉCARBOUILLER : Aplatir, d'après Delvau.

C'est *écrabouiller*.

Synonyme d'*écraser* (Argot du peuple).

ÉCART (L') : Est la différence plus ou moins obtenue entre le prix d'achat et le prix de vente. On applique encore plus spécialement ce mot à la désignation des différences de prix existant entre les cours *terme* et les cours des *primes* (Argot des boursiers)

ÉCHALAS : Femme d'une maigreur diaphane.

Synonyme de *perche à houblon* (Argot du peuple).

ÉCHASSES : Femme montée sur des jambes maigres.

Allusion à l'*échassier* des Landes (Argot du peuple).

ÉCHAUDÉ (Être) : Être volé.

— Né vas pas dans cette gargote, j'ai été rudement *échaudé*, le garçon a marqué le numéro du cabinet sur l'addition (Argot du peuple).

ÉCLIPSER (s') : S'en aller sans bruit de sa société pour ne pas payer son écot.

Synonyme de *pisser à l'anglaise* (Argot du peuple).

ÉCLUSER : Pisser.

Mot à mot, *lâcher les écluses* (Argot du peuple).

ÉCORNÉ : Quand un prévenu est sur les bancs de la cour d'assises ou de la police correctionnelle, sa réputation est *écornée* (Argot des voleurs).

ÉCORNE (Vol à l') : Les voleurs qui opèrent ce vol sont généralement d'une adresse singulière, pour pénétrer dans une maison et atteindre l'espagnolette qui ouvre la fenêtre, ils introduisent une lame d'acier très flexible, mais fortement trempée, au bas de la vitre et la soulève en l'ébranlant, ce mouvement fait éclater la vitre sans bruit, alors à l'aide d'un pain de mastic, ou d'un morceau de caoutchouc ils attirent le verre à eux (Argot des voleurs).

ECOUTE S'IL PLEUT : Silence.

Le père Robin, le charmeur de rats de Grenelle, en avait un blanc qui faisait les délices de la foule par ses exercices, quand le rat mécontent criait, il lui disait : *écoute s'il pleut*, le rat se taisait aussitôt (Argot du peuple) *N*.

ECREVISSES : Cardinal.

Allusion à la couleur rouge de ce crustacé quand il est cuit (Argot des voleurs).

ÉCUMOIRE (Faire l') : Quand un propriétaire récalcitrant est présumé par les ouvriers de ne pas donner de pourboire, les ouvriers chargés de réparer la toiture, réparent bien les trous indiqués, mais ils en font un autre à côté (Argot des couvreurs).

EDREDON (Faire l') : Il serait plus juste de dire le *coup de l'édredon*, en effet quand une fille ramène un *miché* chez elle, dans la nuit, sous l'*édredon*, elle lui vole une partie de son porte monnaie (Argot des filles).

ÉDREDON DE TROIS PIEDS : Dans les garnis

à 10 centimes et à 20 centimes de la mère Tape-Dur. les dormeurs couchent en dortoir sur des paillasses longues de trois pieds, de là *Edredon de trois pieds* (Argot du peuple) — *N.*

EFFACER : Mot à mot : nettoyer un plat, en faire disparaître le contenu (Argot du peuple).

EFFET DE POCHE : Les gens qui n'ont pas l'habitude d'avoir de l'argent, mettent toutes leurs pièces pêle-mêle dans la poche, ils le font sonner, et. pour payer dix sous sortent une poignée de monnaie (Argot du peuple).

EGAYER : Au bain à quatre sous pour les femmes, à fond de bois. avant d'entrer dans l'eau, afin de ne pas être saisie. un baigneur vous asperge, il vous *égaye* (Argot du peuple). *N.*

EGAYER : Quand un acteur est par trop mauvais, comme par exemple Frédérick Lemaître, dans *Zaccharie*, les spectateurs sifflent sans relâche, cela *n'égaye* pourtant pas l'artiste (Argot des coulisses).

ELBEUF : Etre habillé d'un complet de drap, pas de chez Godchau, par exemple.

— Je suis dans mon *Elbeuf.*
Vient de la ville où se fabriquent spécialement les draps (Argot du peuple).

ELIXIR DE HUSSARD : L'eau-de-vie de grains que l'on vend dans les cantines se nomme ainsi (Argot des troupiers).

EMAILLÉ : *Emailler* est une profession qui consiste à
Réparer des *nuits* l'irréparable outrage.
L'*émailleuse* arrête la marche des ans. elle efface les rides en collant sur le visage une couche d'émail (Argot du peuple).

EMBALLEMENT : L'orateur qui perd le fil de son discours *s'emballe.*
L'écrivain qui pond deux colonnes. au lieu d'une *s'emballe.*
Etre en colère et ne plus mesurer ses paroles, c'est encore *s'emballer.*
Allusion au cheval qui *s'emballe* (Argot des boulevards).

EMBOBINER : Séduire.
— J'ai beau savoir que c'est un blagueur, il réussit toujours à *m'embobiner.*
Un rapport financier bien rédigé *embobine* les gogos.
On *embobine* une fille en lui promettant le ma-

riage, elle laisse alors prendre un à compte (Argot du peuple). *N.*

EMBOUCANER : Puer.

Allusion à la viande boucanée qui a une odeur particulière.

— J'en veux pas de votre *bidoche*, elle *emboucane* (Argot du peuple).

EMMASTOQUER : Manger comme un goinfre, s'emplir la panse à se rendre mastoc.

Vient de *mastiquer* (Argot du peuple).

EMPAVE : Carrefour ou impasse (Argot des voleurs).

EMPÊCHEUR DE DANSER EN ROND : Gêneur que tout ennuie.

Comme, par exemple, les vieux messieurs de la ligue contre la licence des rues. ou le chien qui se jette dans les jambes des danseurs (Argot du peuple).

EMPEREUR : Sur le carreau du Temple, on nomme ainsi les vieux souliers *rebouisés.*

Ce nom vient de ce que le premier gniaf qui créa cette industrie, se nommait *Empereur* (Argot des cordonniers).

EMPIOLER : Emprisonné.

Mot à mot : enfermé

dans la piole (Argot des voleurs).

EMPLATRE : Quand les *caroubleurs* prennent l'empreinte d'une serrure avec de la cire molle pour fabriquer des fausses clefs, ils appellent ce travail : poser un *emplâtre* (Argot des voleurs).

EMPOISONNEUR : Tous les marchands de vins et les restaurants à 1 fr. 15.

En souvenir de la *Tour de Nesles* on les nomme également *Orsini* et *Borgia* (Argot du peuple) *N.*

EMBROUILLE (Ni vu, ni connu ! Je t') : Quand un conférencier fait un récit qui se termine hâtivement en emploie cette phrase (Argot du peuple).

EMPLANQUER : Quand les agents arrêtent un voleur, ils l'*emplanquent* (Argot des voleur).

EMPORTEUR A LA COTE- LETTE : D'après Vidocq, le grec qui à la suite d'un déjeuner, vole l'argent de son adversaire il l'*emporte* à la *cotelette* (Argot des grecs).

EN CAQUER : Entrer.

J'en caque dans un' rude (j'entre dans une boutique) (Argot des voleurs) *N.*

ENCARRADE : Entrer dans une maison.

Synonyme d'*antiffer* et d'*enquiller* (Argot des voleurs).

ENDURANCE : Terme nouveau qui signifie : dur à la fatigue.

Pendant la course de 24 heures, au *Vélodrome des Princes*, le vainqueur a fait preuve d'une *endurance* extraordinaire (Argot des cyclistes) *N*.

ENFANT DE CHOEUR : Pain de sucre (Argot des voleurs).

ENGAMÉ : Quand un pécheur attrape un poisson à l'hameçon, le poisson gourmand *engame*.

Engamé, synonyme d'*enragé* (Argot du peuple).

ENGANTER : Voler avec la main (Argot des voleurs).

ENGRAILLER : Prendre, voler (Argot des voleurs).

ENGUEULEMENT : C'était jadis le privilège des femmes de la Halle.

— Combien votre poisson ? madame.

— 40 sous.

— Il n'est pas frais.

— Il l'est plus que ta *gueule*, et morue.

— Vous n'êtes pas polie ?

— J't'emmerde et saucisse plate.

Vient de *gueule* naturellement (Argot du peuple).

ENQUIQUINER : M. Lorédan Larchey dit que cette expression signifie : Insulter quelqu'un grossièrement

C'est une erreur :

Enquiquiner, est synonyme de tu m'emmerdes ou encore de moquerie ; à une menace on répond :

— Je t'*enquiquine* à la course.

Mot à mot : Je me moque de toi (Argot du peuple) *N*.

ENROSSER : Les *maquilleurs de canassons* font d'un mauvais cheval un bon à première vue, en dissimulant ses défaut.

L'acheteur est *enrossé* (Argot des maquignons). *N*.

ENSECRÉTER : Agencer une marionnette, lui donner le secret qui la meut. (Argot des forains).

ENTRAVERSE : Condamné aux travaux forcés à perpétuité.

M. L. Larchey croit que ce mot doit venir de la *traverse* à laquelle les pieds des forçats étaient attachés pendant la nuit.

Ce mot vient de la longue *traversée* que font les condamnés pour aller à la Nouvelle.

— Nous allons *En tra-verse* .

Suppression de finale (Argot des voleurs). *N.*

ENTRÉE DES ARTISTE : Les artistes entrent au théâtre par la porte de derrière.

Quand un professionnel a des goûts anti-physiques il pénètre chez son *Jesus* par l'*entrée des artistes* (Argot du peuple).

ENTRELARDÉ : Dans les gargotes d'ouvriers pour demander un bœuf on dit simplement *un entrelardé*, gras et maigre.

On dit également d'une femme entre les deux, ni grasse ni maigre : elle est *entrelardée* (Argot du peuple).

ENTRE-SORT : Dans les foires, on nomme ainsi les baraques dans lesquelles le public ne fait qu'*entrer* et *sortir*.

Mot à mot le spectateur *entre* et *sort* (Argot des forains). *N.*

ÉPINARD (Graine) : Les épaulettes d'officiers supérieurs.

Allusion aux franges qui ressemblent à la *graine d'épinards* (Argot des troupiers) *N.*

ÉPINARDS (Aller aux) : Les souteneurs de bas étage,

quand ils reçoivent le *pognon* de leur *marmite* vont aux *épinards*.

Allusion à ce que les épinards sont la mort au beurre (Argot des filles).

EPINARDS (Plat d') : Certains peintres, notamment les impressionnistes, peignent des paysages d'un vert intense, de là *plat d'épinards*.

Allusion de couleurs (Argot d'atelier).

ÉPLUCHEUSES DE LEN-TILLES : Termes employés pour désigner les gougnottes,

Mot à mot, elles ont pour la femme qu'elles aiment les mêmes attentions que les *éplucheuses de lentilles* doivent avoir quand elles épluchent le légume pour ne pas y laisser de corps étrangers (Argot des gougnottes) *N.*

ESTOQUÉ : Tuer un taureau avec l'épée.

Quand la première épée le frappe à mort, il l'*estoque*.

Ce mot vient de frapper d'*estoc* (de la pointe) (Argot des toréadors) *N.*

ESTORGUE : Chose qui ne vaut rien, fausseté.

Contre à l'estorgue (faux noms) (Argot des voleurs),

ESTRADE (L') : Le boule-
vard.

Après la *gambillade*
La *filant* sur *l'estrade*.

(Argot des voleurs) *N*.

EXTRA : Garçon qui est pris
en supplément.

— Le service était mal
assuré. nous avons pris des
extras (Argot des garçons
de café) *N*.

ESTROPIÉ DE CERVELLE:
Imbécile, déséquilibré (Argot du peuple).

ÉVENTAIL A BOURRIQUE :
gourdin.

— Tu aurais besoin de
prendre l'air avec un *éventail à bourrique* (Argot du
peuple) *N*.

EXÉCUTION AU PILORI :
Il existe en bourse un *po-
teau* où l'on affiche les
noms des joueurs qui ne
paient pas leurs *différences*.

C'est quelque chose
comme l'ancien *pilori* (le
tap) où l'on marquait les
voleurs avant de les en-
voyer en prison, avec cette
différence qu'ils ne sont
marqués que moralement,
cela leur est bien indiffé-
rent (Argot des boursiers).

F

FACES : Cheveux que les souteneurs ramènent sur la tempe, comme autrefois les Bonapartistes.

— Oh ! là. là. mince de *faces* que s'est fait Guguste (Argot des voyous) *N.*

FACTIONNAIRE : Autrefois les gens pressés ne prenaient pas la peine d'entrer dans les chalets de nécessité. qui d'ailleurs n'existaient pas, ils se posaient à la première place venue.

Un jour, Louis-Philippe, en compagnie d'un ministre, se promenant autour du château de Neuilly, dont le parc était clos d'un grand mur, de cinq pas en cinq pas, il y avait des *factionnaires*.

— Diable, dit le roi, le château est bien gardé.

— Oui sire, et tous sont munis de leur papiers ? (Argot du peuple) V. *Sentinelle.*

FACQZIR : Forçat (Argot des voleurs).

FADE (Avoir son) : Être plein comme un boudin. saoul a rouler par terre (Argot du peuple).

FADAGE : Partage :

De la naturellement *fade*, régler un compte.

Avoir son compte. *avoir son fade* (Argot des voleurs).

FAFFE OU FAFIOT : Papier blanc, écrit ou imprimé (Argot des voleurs).

FAFIOTS : Souliers.

Les revendeurs du Temple nomment ainsi les souliers neufs fabriqués avec des semelles de carton et des empeignes en papier d'emballage noirci (Argot du carreau) *N*.

FAGOT A PERTE DE VUE : Condamné aux travaux forcés à perpétuité.

Par abréviation, on dit : *Gerbé* à *perpète* (Argot des voleurs).

FAGOT AFFRANCHI : Forçat libéré.

Mot à mot : il est *affranchi* de ses fers (Argot des voleurs),

FAIRE : Voler, assassiner un individu.

Synonyme de *fabriquer* (Argot des voleurs).

FAIRE : Les bouchers *font* un animal à l'abattoir.

Faire : Tuer, voler.

Faire quelqu'un, le *lever*. (Argot du peuple et des voleurs).

FAIRE BELLE (La) : Gagner avec une avance considérable à n'importe quel jeu, le gagnant est heureux, il l'a *fait belle* (Argot du peuple).

FAIRE DESSOUS : Chier ou pisser sous soi.

Mot à mot : Tomber en enfance (Argot du peuple).

FAIRE DU FOIN : Faire de l'embarras, poseur qui veut faire croire qu'il est quelqu'un ou quelque chose (Argot du peuple).

FAIRE GODARD : Mourir de faim littéralement.

Allusion au ballon dans lequel s'enlevaient les frères *Godard* (Argot du peuple).

FAIRE LA TORTUE : Ne rien manger.

Jeûner volontairement ou par la force des choses (Argot des voleurs). *N*.

FAISEUR : Individu qui, sans argent, trouve le moyen d'acheter un fond.

Faiseur. Individu qui s'établit banquier sans un sou en poche.

Il y a à Paris une immense quantité de *faiseurs* (Argot des boulevards). *N*.

FALDÈS (aller à) : *Fader*, partager, le produit d'un vol ou d'un travail.

Dans le monde des souteneurs, on dit dans le même sens *falmucher*.

Aller à faldés (Argot des voleurs). *N*.

FALOURDE : Le double six.
C'est le plus gros dé, il est le plus *lourd* à passer (Argot des joueurs).

FAUBOURG DES TROIS CULS : Le faubourg Saint-Antoine, à cause que la statue du Génie qui surmonte la Bastille lui tourne le dos et que les statues des deux rois qui commencent le cours de Vincennes en font autant (Argot du peuple). *N.*

FAUSSES DOUILLES : Faux cheveux (V. *Réchauffante*, dict.) (Argot des voleurs).

FAUX-COL : Quand les garçons vous servent un bock, ils font mousser la bière le plus possible.
Allusion à la blancheur du *faux-col* (Argot du boulevard).

FAYOT ; Les fèves de marais que l'on sert aux forçats.
Vieux mot provençal (Argot des voleurs).

FELOUSE : Prairie·
La première lettre seulement est changée, ce qui, en prononçant le mot rapidement, le rend incompréhensible pour les profanes (Argot des voleurs).

FEMME DE CARÊME : Femme outrageusement maigre.
Une limande en jupons (Argot du peuple). *N.*

FERLINGANTE : Vaisselle (Argot des voleurs).

FERLOQUE : Vieux vêtement (Argot du peuple),

FERME : Décor de fond en usage dans les théâtres (Argot des coulisses).

FERME : Valeur achetée en payant comptant pour une époque fixe.
— Je prends *ferme*, c'est-à-dire la vente ou l'achat sont *fermes* quelques soient les conséquences de la hausse ou de la baisse (Argot des boursiers).

FERME TA GUEULE OU JE... SAUTE DEDANS : On dit cela à un individu qui baille à se démantibuler la mâchoire, ou qui braille à vous assourdir (Argot du peuple) *N.*

FERRAILLEUR : Cette expression s'appliquait aux duellistes féroces qui *ferraillaient* pour un oui ou un nom.
On nomme aujourd'hui *ferrailleurs*, les marchands de *ferrailles* de la rue de Lappe, la plupart originaires de l'Auvergne (Argot du peuple) *N.*

FESSE (Ça ne va que d'une) : Chose qui va mal.
Besogne accomplie avec répugnance.

Etre très malade (Argot du peuple) *N*.

FESSES (Cabaret des six) : Auberge tenue par trois femmes.

C'est une réminiscence du calembourg de Cham-fleury à propos des trois femmes qui tenaient un magasin de modiste, un farceur, écrivit une nuit sur les volets de la boutique : *Au trois sans hommes* (Argot du peuple.) *N*.

FÉTRÉ (Être) : Bon à mettre en prison.

L'allusion n'est pas bien claire, mais elle est usitée (Argot des voleurs).

FIASCO : Insuccès.

Synonyme de veste.

A Florence, un arlequin nommé Biancolelli récitait un monologue dans une pièce.

Un soir, Biancolelli arriva en scène tenant une bouteille garnie de paille, à Bergame cela se nomme un *fiasco*.

L'arlequin, malgré tous ses efforts ne parvint pas à dérider son public. Furieux de la froideur de l'auditoire, il apostropha vivement son *fiasco*.

— C'est toi, s'écria-t-il vivement qui es cause que je suis si bête aujourd'hui : tiens, va-t-en, et il jeta sa bouteille par-dessus son épaule.

Le public rit, mais l'arlequin n'en avait pas moins échoué.

Depuis ce temps, toute chose ratée est un *fiasco* (Argot des coulisses).

FIFERLIN : Soldat dit Rigaud en souvenir du petit *fifre* des Suisses.

Aujourd'hui on dit d'une chose qui ne vaut rien.

— Ça ne vaut pas un *fiferlin* (Argot du peuple).

FIGURANT DE LA MORGUE : On nomme ainsi les morts étendus sur les dalles de cet établissement.

Quand un individu ne se tient pas debout et a la mort sur les lèvres on dit :

— Bon pour *figurer à la morgue* (Argot du peuple) *N*.

FIL BIS : Cheveux blancs.

Cette expression très pittoresque s'applique, non pas à une personne qui a les cheveux complètement blancs, mais à une personne qui commence à blanchir (synonyme de poivre et sel) (Argot du peuple).

FILER UNE PELURE : Voler un paletot (Argot des voleurs).

FIN-DE-SIÈCLE : Cette expression nouvelle veut dire bien des choses.

Un chapeau exentrique est *fin-de-siècle*.

Une chanteuse comme Yvette Guilbert, une chahuteuse comme la *Goulue*, un livre ou une pièce ou les expressions sont ce qu'il y a de plus réaliste. Tout cela est *fin-de-siècle* (Argot des gens de lettres) *N*.

FINETTE : Poche secrète, d'après Robert Houdin, le grec a dans son habit, au dos de son paletot une ou plusieurs petites poches dites *finettes*, dans lesquelles sont placées les jeux qu'il doit substituer à ceux de la maison.

On sait que les poches sont faites d'une étoffe connue sous le nom de *finette* (Argot des grecs).

FIQUER : Enfoncer.

Cette expression est empruntée au patois picard *ficher* (Argot des voleurs).

FLAIREUR DE TRUFFES : Individu qui déniche les bonnes sans place, ou les petites ouvrières sans ouvrage, pour les placer dans des maisons de tolérance.

Comme le cochon, il *flaire la truffe*, mais ne la mange pas (Argot des filles). *N*.

FLAMSIK : Flamand.

C'est une corruption du mot *flahut* (Argot des voleurs).

FLAN : Au hasard.

Ce mot exprime aussi le contraire, comme le prouve ce couplet du récitatif :

LE GOUAPEUR ET LE VOLEUR

Quoi ! tu voudrais que je *grinchisse*,
Sans *tracquer* de tomber au | *plan*.
J'dout' qu'à *grinchir* on s'enrichisse.
J'aime mieux *gouaper*, c'est du | *flan*.
Viens donc *remoucher* nos domaines
De nos fours goûter la chaleur.
Crois-moi, *balance* tes a'ènes
Fais-toi *gouapeur*.

(Argot des voleurs).

FLANCHE : Affaire.

— Si tu veux, mon vieil *aminche*, nous avons un rude *flanche* en vue !

— Je le connais ton *flanche* à la *manque* (Argot des voleurs).

FLAQUET : Le gousset du pantalon ou la poche du gilet.

C'est là généralement où on met son argent.

Flac, sac ou *argent*, de là *flaquet* (Argot des voleurs).

FLÉCHARDS : Sous.
(Argot du peuple).

FLEUR DE CONNERIE : Suprême imbécile, crème de crétin.

Mot à mot : Le roi des *gaffeurs* (Argot du peuple) *N*.

FLIBOCHEUSE : Femme qui raccroche dans les restaurants de nuit, comme elle est passablement voleuse, pour la désigner, on a emprunté la première syllabe de *flibustier*, *fli*, et comme elle passe sa vie à rigoler, la seconde partie de *rigolbocheuse*, de là *flibocheuse* (Argot du boulevard). *N*.

FLOTTARD : Apprenti marin, élève de l'école navale (Argot des écoles).

FLOUANT : Passion du jeu.
Par extension, on nomme les cartes des *flouantes* (Argot des voleurs).

FLUSH : Se prononce : *Flocke*, cela exprime que le joueur a cinq cartes de la même couleur, lorsque ces cinq cartes se suivent et forment une quinte, c'est le *flush royal* (Argot des joueurs).

FLOU (Faire le) : Chercher quelque chose et ne pas le trouver, disent certains auteurs; ce n'est pas le sens propre. *Flou* s'applique à un dessin ou à une photographie mal dessinée ou mal venue. synonyme de *mou* (Argot des peintres).

FLOUE : La foule.
Quand la foule est nombreuse, les voleurs peuvent travailler à leur aise.

C'est le mot *foule* retourné (Argot des voleurs).

FOIE BLANC (Avoir le) : Homme sans courage, tremblant de tout et devant tout homme, qui ne répond à aucune injure :
— Tu peux lui flanquer ta botte au cul ou lui cracher à la figure, il a *les foies blancs* (Argot du peuple).

FONCÉE : Une mariée est en *blanc* le matin, le soir elle change de costume, les loustics disent qu'elle est *enfoncée* (Argot du peuple). *N*.

FONCER : Payer.
Synonyme de financer.
— Il est en *fonds* il foncera carrément (Argot du peuple).

FONDANTS : Des bonbons pustuleux qui suintent sans cesse.
On dit : il a des *bonbons fondants* (Argot du peuple). *N*.

FOND DE CALE : Être sans le sou.
Quand les marins sont à *fond de cale* pas *mèche* de faire la noce (Argot du peuple).

FOUAILLER : Cette expression signifie ceci : — Un tel n'agira pas, au dernier moment il *fouaillera* devant le danger, c'est-à-dire reculera.

Fouailler veut dire aussi battre : — C'est un vaurien que je vais *fouailler* de la belle façon.

Ce mot vient sans doute de *fouetter*, dont par corruption on a fait *fouailler* (Argot du peuple).

FOUINARD : Individu qui *fouine* partout, qui fourre son nez dans les affaires des autres.

Fouinard date de la pièce du *Courrier de Lyon*, c'était l'acteur Alexandre qui jouait le rôle de ce personnage (Argot du peuple).

FOURLINE : Vient de *fourloureur*. Ce mot signifie à la fois voleur et assassin (Argot des voleurs).

FOURLOURS : Désillusionnés, déçus.

Deux cambrioleurs, après un coup de *fric-frac*, ne trouvent pas ce que leur avait indiqué le *nourrisseur de voupard*.

— Bordel de dieu, nous sommes *fourlours*, pas de *sigues* et pas de *durailles* (Argot des voleurs). *N.*

FOURAILLIS : La boutique du recéleur. V. *fourgat*.

Cette expression n'est pas juste malgré qu'elle soit fréquemment employée dans les prisons. *Fourgaillé* serait plus exact (Argot des voleurs).

FOUR A PLATRE : Vagabond.

L'hiver, les vagabonds vont coucher dans les carrières qui ont des *fours à plâtre*.

Les chauffourniers habitués à les voir les laissent très tranquillement dormir au chaud sur les sacs (Argot des voleurs).

FOURNASSES : Marcher à petit pas.

— Quand les *pantes criblent au marron* ne te *cavale* jamais, *fournattes* les mains dans les *profondes* (Argot des voleurs) *N.*

FOUROBE : Quand les personnes, avant d'être écrouées, passent à la *fouille*, ils appellent cette opération : aller à la *fourobe* (Argot des voleurs).

FOUSIÈRE : Tabatière (Argot des voleurs).

FOUTERIE DE PAUVRE : moins que rien.

L'expression s'explique d'elle-même, les pauvres ont peu de vigueur, et généralement leurs enfants sont des êtres chétifs.

Ce mot : *fouterie* est appliqué à beaucoup de choses.

— Ton déjeuner, c'est

de la *fouterie de pauvre* (Argot du peuple) *N*.

FRICARELLE : Du latin *fricare*, frotter.

Cette expression qui s'applique aux femmes qui ont la passion du *tribadisme*, est de Brantôme dans le volume *des dames*, il dit aussi *friquer* (Argot du peuple).

FRICOTEUR : Agent d'affaires, synonyme de tripoteur.

Au régiment, les troupiers qui *coupent* aux exercices, aux corvées, en un mot au service, sont des *fricoteurs* (Argot du peuple).

FRELUQUET : Jeune beau de faubourg, le coq de la maison ou de la rue, qui passe son temps à s'occuper de sa personne et à se *reluquer* dans les glaces qu'il rencontre sur sa route.

C'est un synonyme (Argot du peuple).

FRIMOUSSER : Tricher au jeu, au piquet, par exemple, se donner à tout coup le quatorze de rois, de dames ou de valets, c'est *peloter les frimousses* (les figures) (Argot des voleurs).

FAIRE UN RIGOLO : Vol à l'ambrassade.

Le voleur rencontre une bonne tête dans la rue et lui saute au cou en l'embrassant : Le passant, revenu de son ébahissement, répond, mais je ne vous connais pas, puis il s'en va.

Le tour est joué (Argot des voleurs).

FUMER SA POCHE : Il est d'usage pour les fumeurs de porter leur tabac dans leur poche, enveloppé dans un cornet de papier, celui-ci se déchire et les miettes tombent, alors le fumeur, dans la dèche, ramasse précieusement ces résidus et les fume, de là l'expression (Argot du peuple) *N*.

G

GABEGIE : Fraude, tromperie. *A. D.*

Dans le peuple, on donne à cette expression un sens différent.

Gabegie, tripotage, chose peu claire (Argot du peuple). *N.*

GADOUE : La boue des rues de Paris.

Gadoue, fille de bas étage qui recherche les passants dans les quartiers ouvriers (Argot du peuple).

GAFFE : Les sergents de ville et les agents de la sûreté (Argot des voleurs).

GAFFE DE CIMETIÈRE : Le gardien chargé de surveiller les tombes des morts (Argot du peuple).

GAFFER DES CHASSES : Ouvrir les yeux (Argot des voleurs).

GAILLARDE : Commère qui ne redoute pas les propos *gaillards*.

C'est une *gaillarde* qui n'a pas le *trac* (Argot du peuple).

GALFATRE : Zola emploie cette expression pour qualifier un *goulu*. Comme toujours, ces mots ronflants sont absolument faux, et au lieu d'être le *créateur* d'une expression, il n'en est que le *tronqueur*.

Ce n'est pas *galfatre* qu'il faut lire, c'est: *calfatre*, de *calfat*, qui garnit d'étoupes, de poix et de goudron les fentes d'un navire.

Le *calfatre* se garnit la fente (Argot du peuple) *N.*

GALIOTE : Terme employé par les grecs pour désigner un complot qui fera perdre les parieurs du côté du jeu le plus chargé comme paris (Argot des grecs).

GALIPETTE (En faire) : *Ca-*

brioler dans la vie, mener une vie de *patachon* (Argot du peuple).

GALOUF : Gourmand.

Synonyme de *glouton*.

Homme qui mange comme un cochon (Argot du peuple). *N*.

GALUCHE : Galon.

— As-tu vu le *capiston*, ce qu'il en a de la *galuche* (Argot des voleurs).

GALVAUDAGE : Gâcher, gaspiller ses facultés (Argot du peuple).

GALVAUDEUX : Individu qui ne travaille pas, qui *galvaude* de ville en ville.

Synonyme de *trimardeur* (Argot du peuple).

GAMBRIADE : Cancan, danse A. D.

Ce mot vient de *gambade* et n'est pas comme le dit M. L. Larchey, une déformation de *combriade*, mot qui dériverait de *combrieu* (chapeau) (Argot des voleurs). *N*.

GANACHE : Imbécile, crétin, bourgeois idiot.

Au théâtre jouer les *Ganaches* c'est un emploi.

On nommait aussi *ganache* un fauteuil de forme basse (Argot du peuple). *N*.

GANDIN : Les filous qui exploitent les environs des gares de chemins de fer,

montent des *gandins* aux naïfs qui débarquent de leur province.

Synonyme de monter le coup (Argot des voleurs).

GANDIN : Les marchandes du Temple excellent dans l'art de *monter un gandin* à leurs pratiques en leur vendant des *rossignols* pour du neuf (Argot du peuple).

GARDE-MANGER : Le ventre, chez les gens constipés, il conserve en effet les... exécréments (Argot du peuple).

GARDER A CARREAU (Se) : Etre sur ses gardes, se méfier en affaires, économiser son argent.

Synonyme de *garder une poire pour la soif* (Argot du peuple).

GARNAFFE : Ferme (Argot des voleurs)

GARNISON : Quand un enfant a un régiment de poux sur la tête, il a une garnison (Argot du peuple).

GATEAU FEUILLETÉ : Vieilles savates dont les semelles en carton et en cuir factice s'effeuillent (Argot du peuple).

GATEUX : Débauché, viveur, putassier, ivrogne (Argot des voleurs).

GAUDISSART : Blagueur.

Ce mot est appliqué aux commis-voyageurs qui, à table d'hôte se *gaudissent* du bourgeois qui s'y s'égare.

Gambetta, à cause de sa faconde méridionale, fut baptisé *gaudissart* par les journaux de l'époque. C'était bien le roi des blagueurs qui avait vu construire la maison où il était né à Cahors ! (Argot du peuple). *N.*

GAUSSILLE : Moquerie.

Amplification de *yausser* se *moquer* (Argot des voleurs). *N.*

GAZON : Cheveux.

— Il est rien *déplumé*, le *vioch*, il n'a plus de *gazon sur sa terrasse* (tête) (Argot du peuple). *N.*

GAZOUILLER : Encore un mot de Zola à coté. Pour lui, en ce qui concerne les mots : « la Vérité n'est pas en marche », *gazouiller* veut dire : *prier*, de l'émanation du *gaz*.

Gazouiller, veut simplement dire que l'oiseau se prépare à chanter (Argot du peuple).

GEINDRE : Garçon boulanger.

Quand il pétrit sa pâte, il *geint* en laissant aller son haleine, cela lui donne des forces.

Ce mot vient du latin *gemere*, gémir (Argot du peuple). *N.*

GERBER : Loger.

Dans les caves, lorsque le tonnelier empile les fûts les uns sur les autres il les *gerbe* (Argot des tonneliers) *N.*

GERMANIE (y aller) : Quand un écrivain fait des *ajoutés* à son article, le compositeur est obligé de remanier le *paquet*.

Aller en Germanie pour *remanier* (Argot d'imprimerie).

GESTES (Les accentuer) : Dire des injures à un individu et joindre le *geste* à la parole.

— Sale chameau, en même temps la paire de gifles (Argot du peuple) *N.*

GIROBLE : De bon ton et beau de physique.

Giron, qui veut dire la même chose, est sans doute une corruption de *giroble* (Argot des voleurs). *N.*

GIROFFLE : Belle.

Bonis-moi donc *giroffle*
Que sont ces pègres-là ?
Des *grinchisseurs* de bogues
Esquinteurs de *boutoques*
Les *conoble*-tu pas ?

(Chanson de Saint-Lazare, rien de Bruant) (Argot des voleurs) *N.*

GIRON : Dans les bataillons d'Afrique où la pédérastie est chose quotidienne et acceptée, le *passif* est le *giron* de l'*actif*.

Giron vient de *gironde*, femme belle (Argot du soldat) *N*.

GLACE : Quand un joueur gagne ses consommations, il passe devant la *glace* sans payer, le perdant y passe aussi, mais en payant au comptoir, devant lequel se trouve une *glace*, de là l'expression (Argot du peuple).

GNOLLE : Vieux chapeau.

Depuis quarante ans au moins on lit sur des prospectus :

— Donnez-moi 4 francs et un vieux chapeau je vous en rendrai un neuf.

Ces chapeaux retapés, qui font illusion, sont appelés *gnolles* par les ouvriers chapeliers (Argot des chapeliers).

GOBE - MOUCHERIE : La franc-maçonnerie.

Les frères ne sont pas si gobe-mouche que ça puis qu'ils se fourrent partout (Argot des voleurs).

GOBELOTTER : Boire aux cabarets.

Gobelotter vient de *gobelle*, goblet de fer-blanc (Argot du peuple).

GODET : Verre à boire.

— Viens-tu sucer un *godet* ?

C'est de *godet* qu'on a fait *godaille* pour exprimer l'action d'aller relever des *godets* sur le zinc de cabaret en cabaret (Argot du peuple) *N*.

GOGO : Imbécile qui croit à toutes les promesses que lui font ceux qui veulent lui escroquer son argent. Depuis quelques années, le *gogo* est la poule aux œufs d'or des financiers véreux.

D'où vient *gogo*?

Ni de *gogue*, ni de François Villon. Il vient de l'atelier où depuis plus de soixante ans on dit en parlant d'un riche qui a tout le superflu possible, il a tout à *gogo* (Argot du peuple).

GOGOTTE : Chose extraordinaire.

Synonyme de roide.

— Je ne coupe pas, mon vieux, elle est *gogotte* celle la ! (Argot du peuple).

GOMBERGER : Compter (Argot des voleurs).

GONZESSE : Femme quelconque.

Cette expression est plus particulièrement employée par les souteneurs pour désigner leur *marmite* (Argot des souteneurs).

GORET : Premier ouvrier cordonnier.

Ancien terme employé par les compagnons du devoir (Argot des cordonniers). *N*.

GORGEON : Boire un coup.

Gorge, *gorgée*, de la *gorgeon*.

Mot très ancien dans les ateliers (Argot du peuple).

GOSSELIN : Diminutif de *gosse*, moutard, s'emploie comme terme d'amitié : — J'adore mon *gosselin*.

Gosselin ne veux pas dire *camarade* comme le prétend Rabasse (Argot du peuple),

GOUILLE (Envoyer à la) : Envoyer quelqu'un se promener.

Une balle envoyée au hasard est envoyée à la *gouille* (Argot du peuple).

GOUINE : Fille des ruisseaux ou femme mariée qui se tient salement (Argot du peuple).

GOULU : Poêle.

Cette expression s'applique plus particulièrement aux poêles connus sous le nom de *cloches* qui chauffent les salles de cabarets de bas étages, parce que ces poêles dévorent des masses de combustible (Argot des voleurs).

GOURGOUSSAGE : Quand les compositeurs typographes ont de la copie illisible ou qu'ils ont affaire à un auteur trop méticuleux, ils *gourgoussent* (murmurent) (Argot d'imprimerie).

GOUTTE (La faire boire) : Action de jeter un individu à l'eau pour le noyer

Quand un baigneur perd pied dans une rivière et qu'il reste quelques secondes au fond de l'eau : on dit il a bu une sacré goutte.

Quand dans un cabaret deux individus se disputent :

— Viens dans la rue, dit l'un à son adversaire, je vais te payer *la goutte* (Argot du peuple).

GOUTTE MILITAIRE : Restant d'une maladie qui fit la fortune du célèbre Charles Albert, maladie qui ne s'attrappe pas en buvant un coup (Argot du peuple).

GRAFFAGNER : Les *graffagneurs*, sont des juifs qui font le commerce des mauvais tableaux (Argot des ateliers). *N*.

GRAIN : Pièce de cinquante centimes (Argot des voleurs).

GRAIN (En avoir un) : Toqué qui ne sait pas ce qu'il fait, absence de mémoire (Argot du peuple).

GRINCHIR : Voler.

Expression très ancienne que l'on trouve dans les vieux bouquins pour désigner les voleurs de la Cour des Miracles, elle est faussement attribuée à Rabasse (Argot des voleurs).

GRINCHIR A L'AMOUR : Genre de vol très original qui demande pour le pratiquer des aptitudes particulières et naturelles.

Le voleur doit être beau garçon et beau parleur; dans les quartiers riches il guette les bonnes, laides ou jolies, cela ne fait rien à l'affaire, il leur fait la cour, leur promet le mariage et à force d'insistance les décide à le recevoir, en l'absence des maîtres, dans l'appartement, neuf fois sur dix, la bonne accepte, il en profite pour dévaliser l'appartement sans crainte (Argot des voleurs) *N*.

GRINCHIR AU BU : V. *Poivrier*.

GRINCHIR A LA BROQUILLE : *Broquille* veut dire minute : il est *dix plombes* moins *six broquilles*, mais comme la *broquille* est le diminutif de l'heure, le *strass* est le diminutif du diamant et se nomme aussi *broquille* par analogie, c'est pourquoi les *broquilleurs* sont des voleurs qui se nomment ainsi parce que ils se présentent chez un bijoutier en demandant à examiner des pierres sur carte, habilement ils substituent des pierres fausses aux véritables, il est très rare que le bijoutier s'aperçoive immédiatement de la substitution (Argot des voleurs).

GRINCHIR AU RAT : Ce vol consiste à dévaliser les marchands forains qui, après avoir passé une soirée à boire dans une auberge, se couchent complètement ivres.

Le voleur, comme le *rat*, s'introduit dans la chambre, sans bruit et opère sûrement, c'est une variété du vol au *raton* (Argot des voleurs).

GRINCHIR AU REBOURS : Synonyme de déménager à la *cloche de bois* (Argot du peuple).

GRINCHISSAGE A LA CARTE : Il faut être deux complices pour accomplir ce vol qui est des plus simple.

Un des voleurs se présente chez un grand bijoutier et demande à voir des diamants sur carte, pendant qu'il les examine, l'autre voleur entre et montre au bijoutier un dessin de bijou fait sur une carte enduite de poix, le premier voleur prend le dessin, et le pose sur les diamants et prend une loupe pour les examiner, aussitôt il le rend à son complice qui sort tranquillement de la boutique, il va sans dire que le voleur n'achète rien, et que souvent le bijoutier s'aperçoit du vol quand les voleurs sont déjà loin (Argot des voleurs).

GRINCHIR A LA DESSERTE : Le voleur s'habille en cuisinier et se fait embaucher dans une grande maison. Le jour ou l'on donne un grand dîner, il emporte l'argenterie (Argot des voleurs).

GRINCHIR A LA FIOLE : Ce genre de vol est identique à celui des *endormeurs*, seulement, au lieu d'employer le chloroforme, le voleur a dans une fiole un soporifique violent, par exemple du *datura stramonium*, il en verse adroitement quelques gouttes dans le verre de la victime, qui s'endort aussitôt. Alors il peut la dévaliser sans danger (Argot des voleurs).

GRINCHIR A LA LIMONADE : Ce vol se pratique dans les grands restaurants où l'on sert les clients avec de l'argenterie.

Le voleur est muni d'un fort morceau de poix qu'il applique sous la table, adroitement, il y colle un ou deux couverts, puis il s'en va. Arrive un complice qui le plus tranquillement du monde détache les couverts et s'en va après avoir consommé le moins qu'il peut (Argot des voleurs).

GRINCHIR A LA LOCATION : Un individu bien mis se présente chez le concierge d'une maison ou des appartements sont à louer, il demande à les visiter, si le locataire est absent, il prolonge sa visite, feint de prendre des mesures. A ce moment une voix appelle dans l'escalier : monsieur le concierge, celui-ci sort de l'appartement, se penche sur la rampe pour répondre qu'il descend, pendant ce court intervalle, le voleur qui avait fait son choix, fait main basse sur les bijoux et se retire en disant qu'il reviendra. Si le locataire est en voyage, il se passe quelquefois des mois avant que le vol ne soit découvert (Argot des voleurs).

GRINCHIR AU VOISIN : L'auteur du dictionnaire manuscrit dit que ce vol consiste à aller en robe de chambre acheter des objets et de se les faire remettre par un commis, auquel on les enlève avant d'avoir passé la porte. Ce ne serait pas un vol pratique. C'est chez lui que le voleur reçoit le commis, en robe de chambre, feint de passer dans une autre pièce et disparaît par une autre issue (Argot des voleurs).

GRINCHIR AUX DEUX LOURDES : Vol pratiqué vis-à-vis des cochers de fiacre.

Le voleur se fait voiturer une partie de la journée, puis il se fait arrêter devant une maison à deux issues, et disparaît pendant que le cocher se morfond sur son siège (Argot des cochers) *N*.

GRAINE DE BAGNE : Enfant de voleur ou même d'une famille honnête qui a en germe tous les vices possibles qu'aucune éducation ou aucun exemple ne peut corriger.

C'est une expression très usitée dans le peuple.

— Sale *graine de bagne*, tu mourras sur l'échafaud (Argot du peuple). *N*.

GRAINE DES QUATRE FESSES : Enfant des deux sexes.

L'expression est due à *Ventre-d'Osier*, le pitre du tireur de cartes Moreau qui opérait sur la place de la Bastille en 1848.

Quand les moutards s'approchaient trop pour voir, *Ventre-d'Osier* les faisait reculer avec une corde en leur criant :

— Allons, un peu en arrière, *graine des quatre fesses* (Argot du peuple) *N*.

GRAINE D'ÉPINARDS : Les officiers supérieurs qui portent des épaulettes à gros grains.

Cette graine ne germe pas dans toutes les gibernes (Argot du troupier).

GRAISSE : C'est un genre de vol qui se rapproche beaucoup du *vol au charriage* et du *vol au pot* (Argot des voleurs).

GRAISSE : Argent.

L'expression est pittoresque, car l'homme comme la voiture ne peut guère rouler s'il n'est *graissé* (Argot des voleurs).

GRAISSE : La gratte.

La *gratte* qui pour les bonnes et les couturières procure de l'argent, de la *graisse*, *gratter*, *argot* (Argot des voleurs).

GRANDE BOUTIQUE : La préfecture de police (Argot des voleurs).

GRATTER LE PAVÉ : Est une très vieille expression, elle signifie vivre misérablement, elle était fréquemment employée, lorsque les *ravageurs*, il y a plus de trente ans, exploraien' les ruisseaux; ce métier était en effet des plus misérables (Argot du peuple).

GRATOU : Rasoir (Argot des voleurs).

GRATOUSSE : Dentelle (Argot des voleurs).

GRAVEUR SUR CUIR : Le savetier à l'aide de son tranchet *grave* ses semelles (Argot du cordonnier).

GRIVELEUR : Qui se fait servir à boire et à manger sans payer commet un acte de *grivelerie*. Cette expression vient du vieux mot français *griveler* — se procurer des produits illicites (Argot du palais).

GROSSE CAVALERIE : Expression employée autrefois dans les bagnes et aujourd'hui à la *Nouvelle* pour désigner les bandits incorrigibles (Argot des voleurs).

GROULE : Apprentie modiste ou couturière qui fait les courses et est souvant crottée comme un barbet (V. *souillon*, Dict.) (Argot du peuple).

GUIMBARDE : Vieille femme. Vieille voiture.

Instrument que les enfants se mettent dans la bouche et qui vibre sous la pression des doigts (Argot du peuple).

GUINALISER : Juif qui se livre à l'usure et avance de l'argent aux voleurs sur un coup à faire.

Vient de *guinal* (Argot des voleurs).

H

HABIN : Chien.

Vieille expression employée fréquemment dans le monde des prisons (Argot des voleurs).

HABINER : Mordre. *A. D.*

C'est une erreur, il faut lire *happiner*, extension du mot *happer* (Argot des voleurs).

HABITONGUE : Habitude.

Simple changement de finale, employée souvent pour dénaturer un mot (Argot des voleurs).

HACHER DE LA PAILLE : Parler allemand.

Allusion à la dureté de cette langue (Argot du peuple).

HALLE AU DRAP (la) : Le lit, quand il y en a (Argot du peuple).

HALLEBARDES (il pleut des) : Quand le ciel est bien noir, précurseur d'un fort orage et qu'on ne sait ce qui va tomber, on dit :

— Il va pleuvoir des *hallebardes*, ou bien encore, il va tomber des curés (Argot du peuple).

HALOT : Soufflet (Argot des voleurs).

HANDICAP : Course quelconque de vélos. d'hommes ou de chevaux, quelle que soit la distance (Argot du sport).

HANDICAPER : Employé

d'un champ de courses qui a pour fonctions d'égaliser les chances au moyen d'une surcharge (Argot du sport).

HANDICAPÉ (Mal) : Être dans une mauvaise situation ou mal engagé dans une affaire.

En un mot, être mal parti (Argot du peuple).

HANNETON (Avoir un) : Avoir le cerveau fêlé, être détraqué.

On dit communément :

— Il a un hanneton.

Cela s'applique surtout au bavard, qui, comme le *hanneton*, bourdonne sans cesse (Argot du peuple).

HARDI A LA SOUPE : N'avoir de courage que pour manger :

— Pierre, lève-toi.

— C'est pour manger la soupe ?

— Non, c'est pour travailler...

— Ah ! comme je suis malade. (Argot du peuple.)

HARICANDER : Ne pas faire un travail d'un coup. L'ouvrier qui fait un *loup* et veut le réparer *haricande* sa pièce (Argot du peuple). *N.*

HARICOTS (Hôtel des) : Nom donné à la prison où étaient détenus les gardes natio-

naux. Elle était célèbre sous ce nom dans le monde entier. Alexandre Dumas père en était un fidèle client (Argot du peuple).

HARMONE (Faire de l') : Faire du tapage, égayer un acteur dans une salle de théâtre ou de concert.

Contraire du mot *Harmonie* (Argot du peuple).

HARPIE : Femme qui grogne sans cesse, qui récrimine du matin au soir.

Bien à plaindre celui qui a le malheur d'en avoir une (Argot du peuple).

HARPONNER : Quand un agent arrête un voleur.

Mot à mot, il le *harponne*.

Vient du *harpon* du pêcheur (Argot des voleurs). *N.*

HASARD : Expression ironique employée par les typographes quand un compagnon répète toujours la même chose ; seulement, par abréviation, ils ne disent que H.

L'habitude est qu'ils disent H à tout propos (Argot d'imprimerie).

HASARD DE LA FOURCHETTE (au) : Il existait jadis, aux environs des Halles, une gargote qui possédait une unique marmite dans laquelle on mettait les objets les plus hétéroclites : du mouton, du veau, du bœuf, des détritus de toutes sortes, moyennant un sou le client piquait dans la marmite avec une longue fourchette de fer, au hasard, tant mieux s'il était favorisé, de là l'expression populaire : Au *hasard de la fourchette*.

Elle équivaut à dire : *au petit bonheur* (Argot du peuple). *N.*

HAUS : Raleur qui marchande sans cesse et n'achète jamais.

Le marchand ou le commis *hausse* les épaules.

De là le mot, avec suppression de finale (Argot des calicots).

HAUSSIER : Boursier qui, à la Bourse, joue constamment à la *hausse* sur n'importe quelle valeur (Argot des boursiers).

HAUTEUR (être à la) : Être à la *hauteur* de la *situation*.

Posséder une fortune qui vous rend indépendant.

Être à la *hauteur* de sa mission (Argot du peuple). *N.*

HERBE A GRIMPER : Les beaux seins d'une jolie femme.

Cette expression, des plus pittoresques, a donné naissance à cette locution populaire :

— Il a *grimpé* la belle Nini (Argot du peuple).

HOMME DE BOIS : Dans les imprimeries, l'ouvrier qui rajuste les planches avec des coins de *bois* est ainsi nommé (Argot des imprimeries).

HOMME DE PAILLE : Prête-nom qui couvre une affaire véreuse, gérant d'une société, en un mot, une machine à signer (Argot des boursiers).

HORS DE MARQUE : Un joueur est *hors de marque* quand il joue pour un ou deux points.

Une femme est *hors de marque* quand les *anglais* n'abordent plus à son port (Argot du peuple). *N.*

HOTEL DIDEROT : La prison de Mazas.

On disait également *Mazas-les-Bains*, avant que cette prison ne fût démolie en 1899 (Argot du peuple).

HOTEL DU CUL TOURNÉ : Quand, dans un ménage, il y a une dissidence et qu'une sérieuse querelle en est la conséquence, la femme boude, et, la nuit, dans le lit, elle *tourne le... dos* à son mari, de là l'expression (Argot du peuple).

HOTTERIAU : Petit chiffonnier.
Hotteur, porteur de *hotte* serait mieux (Argot des chiffonniers).

HUILE DANS LA LAMPE (N'avoir plus d') : Mourir.
Allusion à la lampe qui *s'éteint* faute d'huile (Argot du peuple). *N.*

HUILE DE COTRET : Plaisanterie qui consiste le 1er avril, jour du fameux poisson, à envoyer un apprenti chez le pharmacien chercher un litre de cette huile (Argot du peuple).

HUE : Veut dire : file, vas t'en, hors d'ici; dans le patois du centre de la France, on dit : *ut* pour exprimer la même pensée (Argot du peuple).

HURÉ : Riche.
Corruption de *huppé* (Argot des voleurs).

HUSSARD A QUATRE ROUES : Soldat du train des équipages.
Allusion à la voiture qu'il conduit (Argot des troupiers).

I

IL A PLU SUR LA MER-
CERIE : Expression em-
ployée par le peuple pour
dire d'une femme qu'elle est
devenue toquarde après
avoir été belle.

Synonyme de *vieille
garde* (Argot du peuple).

IMPAYABLE : Individu qui
n'a pas de prix pour diverses raisons.

— Ah ! mon vieux, ce
qu'il est *impayable* quand
il chante la romance sur
l'air : *Je me brûle l'œil au
fond d'un puits avec une
chandelle de bois.*

Synonyme de *rigolo* (Ar-
got du peuple). *N.*

IMPER : Abréviation d'*im-
périale* d'omnibus (Argot
du peuple).

IMPOSSIBLE : Individu avec
lequel il est *impossible* de
vivre à cause de son caractère et de ses exigences
(Argot du peuple).

INACHEVÉ : Avorton.

Cette expression est em-
ployée pour désigner un
être malingre à qui il manque le poids.

Elle est souvent agré-
mentée de commentaires
salés du genre de celui-ci :
— Ta mère était concierge,
pendant qu'elle te fabri-
quait on a dû lui demander
le cordon ! (Argot du peuple). *N.*

INDEX : Quand des ouvriers
font grève, ils mettent à
l'index les patrons qui ne
cèdent pas aux grévistes.

Synonyme de mise en *quarantaine* (Argot du peuple).

INDIGENT : Voyageurs d'impérial d'omnibus.

On les nomme également les *trois ronds* (Argot du peuple).

INFECTADOS : Cigare de cinq centimes.

Ainsi nommé à cause de son odeur *infecte* (Argot du peuple).

INGURCITER SON BILAN : Mourir (Argot des bourgeois).

INEXPRESSIBLE : Pantalon. La pudeur anglaise qui ne veut prononcer le nom de cette partie de notre vêtement se sert de cette expression.

Inexpressible qui ne peut *s'exprimer* (Argot des boulevards).

INGRAT : Apprenti voleur qui vole maladroitement (Argot des voleurs).

INSÉPARABLES : Cigares à deux pour trois sous.

Comme il n'y a pas de monnaie divisionnaire pour permettre d'en acheter un seul 7 centimes 1/2, il faut les acheter tous les deux, de là *inséparables*. V. ce mot. Dict. (Argot du peuple). *N.*

INTIMES : Autrefois, quand les auteurs faisaient représenter une pièce à un théâtre, ils donnaient à Sauton, un chef de claque célèbre, cent ou deux cents places, celui-ci en donnait une cinquantaine à des *intimes*, chargés de pleurer, de trépigner et d'applaudir aux bons endroits. V. *Lavabes*. (Argot du boulevard). *N.*

INVALIDÉ : Quand un député est élu à l'aide de manœuvres frauduleuses et que ses collègues ne ratifient pas son élection il est *invalidé* (Argot du boulevard). *N.*

ISMV : D'après Robert Houdin, ces quatre lettres forment un mot de ralliement entre les Grecs des tripots.

I le cœur, S le trèfle, M. le pique, V le carreau.

Un Grec veut-il donner à son compère la couleur dominante du jeu de l'adversaire, il suit une phrase commençant par une des quatre lettres du mot. Ainsi, par exemple, s'il lui faut annoncer du cœur, il dit :

— *Il fait bien chaud.*
Du trèfle :
— *Sâpristi qu'il fait chaud* (Argot des grecs).

ISALAGE : Abandonner (Argot des voleurs).

ITALIQUES **:** Homme ou femme bancals.

Allusion aux caractères d'imprimerie qui portent ce nom (Argot d'atelier).

ITRÉE : Avoir.

Cette expression ne peut s'appliquer à tous (Argot des voleurs).

J

JABOTER : Parler, bavarder.

— Elle n'en fous pas un coup, elle *jabote* toute la sainte journée (Argot du peuple).

JACASSE : bavarde.

L'oiseau que l'on nomme une pie (Argot du peuple).

JAFFIN : Jardin.

D'où *Jaffin*, jardinier (Argot des voleurs).

JAMBES DE COQ : Jambes maigres et longues.

— Elle est montée comme *un coq* (Argot du peuple).

JAMBON : Violon.

— As-tu fini de râcler ton *jambon*.

On dit également *jambonneau*.

Allusion de couleur (Argot du peuple).

JAPPE : Individu qui gueule sans cesse.

Comme le chien il *jappe* (Argot des paysans).

JARGOLLE : La Normandie (Argot des voleurs).

JARS : Le dévider, parler argot.

Abréviation de *jargon* (Argot des voleurs).

JASPIN : Oui (Argot des voleurs).

JAUNE : L'été.

Allusion aux moissons qui, en mûrissant, deviennent jaunes (Argot des voleurs).

JAUNE D'OEUF : Expression comique employée pour répondre à cette question :

— M'aimes-tu mon petit chéri ?

— Je t'adore avec un *jaune d'œuf* (Argot du peuple).

JAVOTTE : Bavard ou bavarde qui répète tout ce qu'il entend (Argot du peuple).

JEAN-FESSE : L'ouvrier qui moucharde ses camarades est un *jean-fesse*.

Plus énergiquement on dit : *jean-foutre* (Argot du peuple).

JEAN-JEAN : Au régiment, depuis des siècles, on nomme ainsi les conscrits naïfs.

Celui à qui on confie la clé du champ de manœuvre ou la garde du parapluie de l'escouade est un *Jean-Jean* (Argot du troupier)

JEAN DE LA VIGNE : Le Crucifix.

Autrefois, sur les places publiques, le petit bonhomme qui prédisait la bonne aventure se nommait *Jean de la Vigne* (Argot des voleurs).

JEAN (Faire le saint Jean) :

Oter son chapeau ou sa casquette, signe de ralliement entre les voleurs (Argot des voleurs).

JÉSUS : Enfant dressé au vol, c'est une variété du *raton* et du *pégriot* (Argot des voleurs)

JET : Canne (Argot des voleurs).

JEUNE HOMME (Avoir son) : Être saoul à rouler.

Autrefois, chez les *mastroquets*, comme *Au Pot brun*, à Belleville, on servait des brocs de quatre litres que l'on avait baptisé : *Petit homme noir*, quand le pochard l'avait sifflé il avait son compte, son *petit jeune homme* (Argot du peuple).

JOUAILLON : Mauvais joueur, on dit également *jouasson* (Argot du peuple) *N*.

JUBÉCIEN : Grimacier, qui fait des façons.

Cette expression n'est pas d'origine parisienne, elle nous vient de la basse Bourgogne, et est fréquemment employée dans le sens de : méchant, pas grand'chose (Argot du peuple).

JUBILE : Dans la ganterie, on donne généralement à l'ouvrier coupeur des peaux en quantité se rapportan au chiffre de douzaines qu'il doit tailler, il économise le plus qu'il peut, ce qui lui reste de *gratte* se nomme *jubile*.

Il *jubile* à l'idée du gain que ça lui rapportera (Argot d'atelier) *N*.

JY : Oui.

— *Jy*, mon ange (Argot du peuple).

L

LABADENS : Ancien cama-
rade de pension.

Ce mot est de Labiche
(Argot du boulevard).

LABOURER : Creuser un
sillon, préparer les voies
pour une affaire.

— Je laboure, gogo,
ensemence (Argot des boursiers). N.

LACORBINE : Ce mot sert
de ralliement entre les dis-
ciples de Germiny.

En 1880, un Anglais fut
attiré dans un guet-apens
par une lettre signée La-
corbine. Depuis cette époque, le mot a cours (Argot
des pédérastes).

LAGO : Là.

Labago, là-bas (Argot
des voleurs).

LAINE (En avoir) : Les voleurs qui ont un bon nourrisseur de pouparos ont
de la laine, c'est-à-dire de
l'ouvrage (Argot des vo-
leurs).

LAINE : Mouton (Argot des
voleurs).

LA MINE : Le Mans (Argot
des voleurs).

LAMPER : Boire.

— Viens-tu lamper un
coup de pivois ? (Argot du
peuple).

LAMPÉE : Repas (Argot des
voleurs).

LANCÉ : Homme ou femme en passe de faire un rapide chemin.

Une artiste sans talent est *lancée* par un protecteur puissant et riche. De même, dans toutes les professions, il suffit d'être *lancé* pour réussir (Argot du boulevard). *N*.

LANCER SON PROSPECTUS : L'actrice qui *fait* les avant-scènes en envoyant des œillades aux vieux messieurs et qui étale ses oranges sur son étagère *lance son prospectus*.

La bourgeoise qui a une jolie jambe et qui, les jours de pluie, se retrousse jusqu'à la jarretière, *lance son prospectus* (Argot du peuple)

LANDAU A BALEINE : Parapluie.

La seule différence est qu'on le porte au lieu de vous traîner (Argot des voleurs)

LANTERNE DE CABRIOLET : Yeux à fleur de tête,

Synonyme de *calots* par allusion aux billes qui portent ce nom (Argot du peuple).

LANTIMÈCHE : Allumeur de gaz.

Le gaz n'a pas de *mèche*.

Lantimèche. terme d'amitié pour qualifier un brave homme.

— Viens-tu, père *Lantimèche?* (Argot du peuple),

LAPIN (Voler au) : Dans *Paris-Police* j'ai décrit ce genre de vol spécial.

Voici en quoi il consiste : quand des voyageurs montent en omnibus, les conducteurs en sonnent moins qu'ils n'en montent, ils empochent la différence qu'ils partagent avec le cocher (Argot du peuple) *N*.

LARCOTTIER : Vieux paillard qui suit les jeunes trottins.

C'est Vidocq qui donne l'ortographe de ce mot, mais il n'est pas exact, c'est *larguottier* qu'il faut dire, homme qui suit les *largues* (femmes) (Argot des voleurs).

LARGE DES ÉPAULES : Avare qui thésaurise et tire tout à lui.

— Jamais tu ne le verras rien payer, il n'est pas *large des épaules* (Argot du peuple).

LANCEVERGUE : Ville d'eau.

Lance eau, *vergue*, ville là ils ont mis la charrue devant les bœufs (Argot des voleurs) *N*.

LARTON ROUGE : Pain acheté avec l'argent provenant d'un assassinat.

— Je suis *giverneur*, je *mendigote*, mais je ne *sionne* pas, je ne mange pas de *larton* rouge (Argot des voleurs) *N*.

LAVABES : (V. *Intimes*).

LAVEMENT : Canulant.
— Quand cet imbécile me parle, il me fait l'effet d'un *lavement*.
Mot à mot, il me fait chier (Argot du peuple).

LENTILLES AUX PUCE-RONS : On nomme ainsi la *portion* ou *système* de lentilles servies dans les prisons aux détenus (Argot des voleurs) *N*.

LESSIVE DU GASCON (La): Quand la chemise est sale d'un côté la retourner de de l'autre (Argot du peuple).

LEVER : Quand un spéculateur en bourse achète un titre, il lui est loisible de le *lever* ou de ne pas le *lever* suivant la nature de l'opération qu'il a faite (Argot des boursiers).

LICHER : Boire.
— Ah ! mon vieux, ce que nous nous sommes fourrés une *lichade*, c'était à en crever (Argot du peuple).

LICHETTE : Petit morceau de pain, mince comme du papier.
— C'est ma belle-mère qui coupe le pain, cette rosse-là ne m'en fout que des *lichet'es* (Argot du peuple). *N*.

LIGNE D'ARGENT (Pêcher à la) : Pêcheur qui achète son poisson ou chasseur qui tue son gibier aux halles (Argot du peuple).

LIGNE A VOLEUR : Afin de composer moins de lettres, les typographes blanchissent les lignes en espaçant les lettres, une ligne commençant par un mot se payant comme entière (Argot d'imprimerie).

LIGOTS : Petits cotterets composés de morceaux de bois, dont l'un des bouts est enduit de résine et servant à allumer le feu, ils sont liés par un fil de fer, de la *ligot* (Argot des charbonniers). *N*.

LILANCE : Villa (Argot des voleurs).

LUNE SOURDE : Homme sournois (Argot des voleurs).

LIMOGÈRE : Chambrière.
Ne pas confondre la femme de chambre (chambrière) avec la *chambrière* qui sert à caler les voitures (Argot des voleurs).

LIMANDE : Femme plate comme une volige.

Allusion au poisson plat qui se nomme *limande* (Argot du peuple).

LIMONADE DE LINSPRÉ : Vin de Champagne.

Limonade, le vin mousse, *linspré*, prince.

Vin de prince (Argot des voleurs).

LINGE (En avoir) : Cocotte qui a des dessous affriolants, des jupons réclames.

— Mon cochon, ce que ta femelle a du *linge !* (Argot des voyous). *N.*

LIQUIDATION : C'est le jour fixé pour arrêter les comptes des opérations à *terme* dant la quinzaine ou pendant le mois (Argot des boursiers).

LIRE LE JOURNAL : Ne pas manger.

Allusion aux chevaux qui baissent la tête quand leur musette est vide (Argot du peuple).

LISETTE : Gilet long (Argot des voleurs).

LIVRER : Quand des titres sont achetés en bourse, si l'acheteur veut les *lever*, l'agent de change doit les lui *livrer* (Argot des boursiers).

LOUBION : Bonnet.

Expression employée à la prison de Saint-Lazare pour désigner le petit bonnet qui complète l'uniforme des prisonnières (Argot du peuple).

LOUCHER (faire).

— Ça, mon vieux, ça te fait *loucher*, c'est pas de la viande pour ton serin (Argot des voyous).

LOUPIOT (le casque à).

Loupiot, enfant.

Dans le monde des chiffonniers, quand un *loupiot* devient orphelin de père, le plus ancien de la corporation place une grande hotte aux pieds du socle de la statue d'Étienne Dolet, place Maubert, tous les chiffonniers qui passent jettent dans le *casque à loupiot*, qui un os, un chiffon, un morceau de ferraille, quelfois une pièce de monnaie, et, quand le *casque* est plein, il est vendu au profit du *loupiot* (Argot des chiffonniers). *N.*

LOURDE : Porte (Argot des voleurs).

LUQUE : Faux-certificat (Argot des voleurs).

LYCÉE : Prison.

Expression bien trouvée, car, en effet, la prison est une excellente école pour parfaire une éducation incomplète et faire d'un voleur inexpérimenté, un voleur émérite (Argot des voleurs).

M

MABOUL : Fou.

Cette expression a cours dans les ateliers depuis les campagnes d'Afrique, d'où elle nous a été importée par nos soldats (Argot du peuple).

MACHICADOUR · Racontars incompréhensibles et faux.

Synonyme de *boniment*.

— Tu vas nous laisser tranquille avec tes *machicadours*, va t'en raconter ça à Plume-Patte (Argot du peuple).

MADELEINE (La faire suer) : Tricher péniblement aux cartes (Argot des grecs).

MAGNEUSE : Femme qui a des aptitudes spéciales parfaitement appréciées des collégiens et des vieillards (Argot du peuple).

MAIGRE (Du) : Silence

Synonyme du 22 des ouvriers typographes (Argot des voleurs).

MAIN (En avoir une pleine) : C'est posséder dans son jeu un brelan et une *paire* (V. ce mot) (Argot des joueurs).

MALADE : Prisonnier (Argot des voleurs).

MALHEUREUX (Être) : C'est l'état de pauvreté en français.

En typographie, cette expression a une autre signification.

Dans une équipe cha-
cun, à tour de rôle, à son
tour de malheureux, la
liste en est affichée dans
l'atelier de composition.

Les *malheureux* restent
après les autres pour corriger, faire les *morasses* et
serrer les formes (Argot
d'imprimerie) *N.*

MALLE (Faire sa) : Être à
l'agonie.

Se préparer au grand
voyage (Argot du peuple).

MALINGRER : Souffrir.

Vient du mot français
malingre.

Synonyme de *malin-
greux* (Argot des voleurs).

MAL TORCHÉ : Ouvrage mal
fait.

Se dit aussi en sens con-
traire :

— Hein, ce n'est pas *mal
torché* ?

Il se prend aussi dans le
sens de malpropre :

— Il est *mal torché*
(Argot du peuple).

MANCHE (Le jeter après la
cognée).

Le désespéré qui se sui
cide, celui qui abandonne
ses affaires voyant qu'il ne
réussira pas, *jette le manche* après la cognée (Argot
du peuple) *N.*

MANCHE (Être du côté du) :
Se tourner du côté du plus
fort.

C'est le mot célèbre du
fameux duc de Morny, a qui
le comte Lehon demandait
la veille du 2 décembre :

— Duc, de quel côté
êtes-vous ?

— Du côté du manche !
(Argot du peuple).

MANCHE : Le patron.

Cette expression fut
créée dans l'ancien *Tinta-
marre* du père Commerson,
par Léon Bienvenu, jamais
il ne faisait un article sans
dire : le *manche* veut bien
(Argot de presse). *N.*

MANCHE (Avoir son) : Être
formidablement en colère.

Un compositeur typo-
graphe qui a de la mau-
vaise copie (la mienne par
exemple) qu'il ne peut lire,
a son *manche* contre l'auteur.

Heureusement que ce
n'est pas celui du balai.

Synonyme d'avoir sa *chè-
vre* (Argot d'imprimerie).
N.

MANCHEUR : Les forains
qui travaillent sur les places
publiques font la quête, la
manche (Argot des forains).

MANDOLET : Pistolet.

Vient de *mandole*, en
effet, celui qui reçoit une
balle en pleine poitrine reçoit un rude *soufflet* (Argot
des voleurs).

MANGER DU LAPIN : Enterrer un camarade.

Synonyme de *manger du pain et du fromage* (Argot des typographes).

MANGEUR DE BON DIEU : Homme qui fréquente les églises.

Synonyme de *cafard* (Argot du peuple).

MANGEUR DE CHOUX : Voleur qui *travaille* solitairement, au hasard, il ne fait jamais partie d'aucune bande.

Il est assez difficile à pincer, parce qu'il n'a pas de manière particulière pour voler (Argot des voleurs).

MANGER LE GIBIER : Quand la *marmite* boit la *galette* des *michés*, le *souteneur* se *tape*.

Allusion au chien de chasse qui mange le gibier, il ne le *rapporte* pas (Argot des souteneurs).

MANNEAU : Moi.

On dit aussi *mezigot* ou *mezigue* et non *mezingaud* comme le veut A. Delvau (Argot des voleurs).

MANNEZINGUE : Cabaret

Cette expression n'est là citée que pour mémoire, elle a été remplacée par celle de *mastroquet* (Argot du peuple).

MANIQUE (La) :

Manique est une pièce de cuir que les cordonniers se ploient dans le creux de la main, comme un gant sans doigt, pour les protéger quand ils piquent avec l'alène.

De là le mot, quand des ouvriers parlent de leur profession, ils causent *manique* (Argot des cordonniers).

MAQUIS : Du rouge.

De *maquis* on a fait *maquillé* (Argot des voleurs). *N.*

MAQUIGNON : Marchand de chevaux.

C'est l'expression usitée, mais elle a été étendue du cheval à l'homme et à la femme.

Jadis, les marchands d'hommes étaient des *maquignons*. Les placiers qui procurent des femmes aux maisons de tolérance sont des *maquignons* (Argot du peuple). *N.*

MARAUDEUR : Cocher marron qui *maraude* en dehors des places de voitures pour ne pas rendre au loueur le compte de sa recette (Argot du peuple). *N.*

MARCHAND DE SOMMEIL : Maître de garni. On lui paye le droit de dormir (Argot du peuple).

MARCHE (Je) : On *marche* pour beaucoup de choses.

— As-tu fait ton affaire ?

— Oui, il a *marché*. (Argot du peuple).

MARCHÉ AUX VEAUX : Le promenoir des Folies-Bergère. On le nomme aussi la *halle à la viande*, parce que les filles y raccrochent ouvertement.

Ces deux expressions, très caractéristiques, se complètent par une troisième, l'*abattoir*.

Les grandes boucheries ne peuvent s'y approvisionner (Argot des filles). *N*.

MARCHÉ DES PIEDS HUMIDES : Ce marché se tient au bas des marches de la Bourse. Les tripoteuses sont de vieilles femmes qui agiotent sur les valeurs les plus hétéroclites : les *Mines de pavés à ressort*, la *Société générale du pavage en graine de lin*, les actions de la *Grande Filature de Macaroni*, les obligations de la *Société des enclumes en flanelle* pour les forgerons en chambre, s'y négocient couramment ; il s'y opère également la vente des *queues de grenouilles* payables en *monnaie de singe*.

Ce marché est ainsi nommé parce que ces acharnées boursicotières y restent de midi à trois heures, les pieds dans la boue ou dans la neige (Argot des boursiers). *N*.

MARGAUDER : Débiner la marchandise pour l'acheter à meilleur marché

Margauder est une corruption de *marchander* (Argot du peuple). *N*.

MARIANNE : La République rouge.

Quand un homme est gris, on dit qu'il a *Marie-Jeanne* dans l'œil. C'est la corruption de *Marianne* (Argot du peuple). *N*.

MARIE-SALOPE : Figure empruntée au bateau-dragueur à qui les mariniers donnent ce nom parce que la drague, en fouillant les rivières, ramasse toutes les ordures qui sont au fond de l'eau.

Cette expression sert à qualifier une femme qui vit dans les bas-fonds et qui, comme la drague, ramasse toutes les ordures.

Mot à mot· *salope* vivant de *saloperies* (Argot du peuple).

MARMOTTE : La boîte que portent les commis-voyageurs en bijouterie ou en dentelles qui contient les échantillons se nomme ainsi (Argot du Sentier).

MARMOUSE : La barbe (Argot des voleurs).

MARRONS MALES : Voleurs arrêtés par la police nantis des objets volés.

— Nous sommes *marrons males* de ta faute, tu pouvais donc pas *épouser la foucandière*! (Argot des voleurs) *N*.

MARQUISE : Boisson composée de vin blanc, de sucre et de citron.

Quand c'est du vin rouge, on dit : *Vin à la française* (Argot du peuple) *N*.

MASTIC : Homme (Argot des voleurs).

MASTIQUER : Manger gloutonnement.

La bouche pétrit les aliments comme le vitrier son mastic (Argot du peuple).

MATHIEU : Aux abattoirs de la Villette, quand les bouviers amènent les moutons, ceux-ci flairant le sang refusent de franchir la grille, ni coups du bouvier, ni morsures de chiens ne peuvent vaincre leur résistance, c'est alors qu'on lâche *Mathieu* une vieille canaille de mouton, il se mêle au troupeau, puis prend la tête, les autres le suivent, une fois entrés ce scélérat de *Mathieu* se sauve s'étendre mollement sur la paille pendant

qu'on égorge ses compagnons (Argot des bouchers).

MATIGNON : Messager (Argot des voleurs).

MAUVIETTE : Décoration *A. D.*

Pourquoi?

Sans doute quand il y en a plusieurs et que l'on les porte en *brochette*, comme on fait rôtir les *mauviettes* (Argot du boulevard).

MÈCHE (être de) : Être d'accord pour partager le produit d'un vol.

Dans l'*Intransigeant*, tous les jours, pendant l'affaire du Panama, H. Rochefort disait que les 104 députés étaient de *mèche* (Argot des voleurs).

MÉDECIN : Avocat.

En conséquence, la plaidoirie est une *médecine*.

Elle est quelquefois bien dure à avaler (Argot des voleurs).

MÉGOT : Les *mégottiers* sont une corporation qui a son marché place Maubert, où viennent s'approvisionner les pauvres gens.

Ceux qui ramassent les *mégots*, boûts de cigares, culots de pipes, restants de cigarettes, trient leurs marchandises qu'ils classent par paquets de 5 à 25 centimes.

Le mot *boni* a été remplacé par celui de *mégot*, en effet, c'est du *boni* pour celui qui le ramasse (Argot du peuple). *N.*

MELON : Élève de première année à l'Ecole de Saint-Cyr (Argot de l'Ecole).

MÉNAGE A TROIS : La femme, le mari et l'amant, par analogie, les chevaux qui traînent l'omnibus font *ménage à trois* (Argot du peuple). *N.*

MENESTRE : Soupe.

> Mon docteur de *menestre*, en
> | sa mine altérée,
> Avoit deux fois autant de
> | mains que Briarée.

(*Souper ridicule*, de Mathurin Régnier) (Argot des voleurs)

MENOUILLE : Monnaie.

Ce n'est pas une déformation du mot *menée*, comme le dit M. L. Larchey, car *menée* veut dire *douzaine* (Argot du peuple). *N.*

MENSUALITÉ : Quand une affaire financière ne marche pas, les sociétés *arrosent* les journaux, sous forme d'une *mensualité* plus ou moins importante.

Ce n'est le plus souvent qu'un petit chantage dissimulé (Argot des boursiers).

MERCANDIER : Marchand de basses viandes qui ne trafique que sur les carnes et les veaux mort-nés (Argot du peuple).

MERDE POUR LE BOULEAU : Expression employée dans tous les ateliers de sculpteurs.

Quand le lundi, ou même au milieu de la semaine, madame la *flemme* montre son museau à l'établi, tous les copains lâchent la besogne et crient en chœur :

— *Merde pour le bouleau.*

Mot à mot : *merde pour le travail* (Argot des sculpteurs). *N.*

MERUCHE : Poêle.

Méruchée, poêlée.

Méruchon, poêlon (Argot des voleurs).

MESSIÈRES : Victimes.

Ce mot est très vieux, il a été employé par Eugène Süe, à propos du personnage du *maître d'école*, du fameux roman des *Mystères de Paris*.

La *chouette* dit à ce bandit :

— Ma vieille *fourline*, attention, v'là les *messières* (Argot des voleurs).

MEURT-DE-SOIF : Individus qui ont toujours la pépie, qui boiraient la mer et les poissons.

8.

Cette expression date de 1850, elle était le sobriquet d'une vieille marchande d'habits du faubourg du Temple qui vendait à la Courtille ses loques, à l'enchère. Elle buvait dix litres par jour, sans être jamais saoûle, c'était un véritable gouffre.

Meurt-de-soif est resté pour *soiffard* (Argot du peuple). *N.*

MINCE : Papier à lettres (Argot des voleurs).

MINUIT : Nègre (Argot des voleurs).

MISE A PIED : Quand un fonctionnaire est suspendu par punition, il est *mis à pied*, quand même il n'aurait pas de cheval (Argot du peuple) *N.*

MISTICHER : Les *misticheurs* sont des voleurs qui ont la spécialité d'aller voler dans les grandes capitales de l'étranger et qui reviennent ensuite écouler les produits de leurs vols à Paris (Argot des voleurs).

MOMON : Petite fille mineure de 10 à 12 ans qui fait le trottoir.

La plupart des petites bouquetières sont des *momons*.

Môme dérive de là (Argot des souteneurs).

MONANT : Aîné.

Monante, amie (Argot des voleurs).

MON LINGE EST LAVÉ : Quand deux individus se battent, celui qui est vaincu dit qu'il a son *linge lavé*.

Être arrêté par la police a la même signification (Argot des voleurs).

MONFIER : Embrasser (Argot des voleurs).

MONTE EN L'AIR : Souteneur qui est forcé de se faire *cambrioleur* pendant que sa *marmotte* est en prison (Argot des souteneurs).

MORCEAU DE SALÉ : Grosse femme ou petit enfant,

Expression employée fréquemment dans le peuple.

— Il est *mouche* son *morceau de salé* (Argot du peuple).

MORGAN : Sel.

D'où *marganer* pour mordre.

Comme un coquillong qui *mor-*
| *gane*
Que n'ap'atissez-vous s'goulon?

Parodie du *Vieux vagabond* de Béranger (Argot des voleurs).

MORT AUX ÉLECTEURS : La cuvette.

Une célèbre marchande de gants de la rue Geoffroy-Marie, nommée Lagrange.

était connue sous ce nom significatif dans le monde des paillards (Argot du peuple) N.

MOUILLÉ (Être) : Être connu de la police.

Tout en étant l'opposé de *brûlé*, *mouillé* en est le synonyme

Louis sera bientôt *paumé-marron*, il est *mouillé* de *ces messieurs* (Argot des voleurs).

MOUILLER LES BIBELOTS : Pisser dans son pantalon (Argot du peuple).

MOULIN A CAFÉ : Le tribunal correctionnel.

Allusion à la vitesse avec laquelle les juges expédient les affaires.

Les prévenus sont condamnées à la vapeur (Argot du palais) N.

MOTS A QUEUE : C'est une plaisanterie d'atelier fort amusante :

C'est une *mouche à miel de Narbonne d'enfants.*

C'est un *homme de l'artichaud Colas Meunier,* etc., etc

On en a fait des à-peu-près tout aussi drôles sur les heures :

Il est une heure (*leneur*) de livres.

Deux heures (*deux sœurs*) de charité.

Trois heures (*toiseur*) vérificateur.

Quatre heures (*cardeur*) de matelas.

Cinq heures (*zingueur*) plombier.

Six heures (*ciseleur*) sur métaux.

Sept heures (*cette heure*) est la mienne.

Huit heures (*Huîtres* d'Ostende.

Neuf heures (*neveu*) de mon oncle.

Dix heures (*diseur*) de bonne aventure.

Onze heures (*on se*) réunira à la maison mortuaire pour midi (Argot des ateliers).

MOUSQUE (La peur) :

On peut ici faire une déduction ingénieuse.

La peur produit une colique qui se traduit par un épanchement involontaire de *mouscaille.*

De *mouscaille*, *mousque* (Argot des voleurs). N.

MUETTE (la) : La conscience.

Pour certains de nos hommes politiques, ce mot est expressif, car en effet leur *muette* ne leur reproche jamais le Panama, et l'odieuse loi des suspects (Argot des voleurs). N.

MUR (Faire le mur) :

Quand un individu vol à la tire, son complice se

met derrière lui pour ca-
cher l'opération aux pas-
sants.

Il fait le mur (Argot des
voleurs). *N*.

MURAILLE (la battre) :

Pochard qui ne se tient
plus debout.

A moi les murs et les piliers,
Je ne trouve plus l'escalier.

dit la vieille chanson (Argot
du peuple).

MUSIQUE (Faire de la) :

Faire du tapage.

— Pas moyen de dormir
dans la *carree*, toute la
nuit on fait de la *musique*
(Argot du peuple). *N*.

N

NAGEOIR : Poisson (Argot des voleurs).

NAVARIN : Navet.

Ce sont donc les voleurs qui sont les parrains du ragout de mouton (Argot des voleurs).

NAVET : Toute œuvre ratée en sculpture ou en peinture se nomme un *navet*, plus particulièrement celles qui manquent de coloris.

Allusion à la blancheur du *navet* (Argot des ateliers de peinture). *N.*

NAZARETH : Le nez.

On dit aussi *nazieol*.

On ne voit pas bien quel rapport peut avoir le nez avec la ville où est né Jésus-Christ (Argot des voleurs).

NÉGOCIANT : Souteneurs ;

Les *marmites* disent de leur souteneur, c'est mon *négociant*.

Allusion très juste, car ces messieurs peu scrupuleux *négocient* volontiers ces dames (Argot des filles). *N.*

NEP : Voleur.

Brocantant de faux bijoux (Argot des voleurs).

NE CASSE PAS LES CARREAUX :

Quand des rôdeurs marchent par groupe avec l'intention d'attaquer les personnes, aussitôt qu'ils aperçoivent un individu, l'un d'eux se détache et va reconnaître si l'attaque vaut le coup. si elle ne le vaut pas, il revient et dit : c'est pas la peine *de casser les carreaux*.

Dans un autre cas, quand des voleurs sont embusqués, un des leurs fait le guet, au moment de l'attaque du passant si un agent ou d'autres passants arrivent, celui qui fait le guet dit : *ne cassez pas les carreaux*.

Mot à mot : il y a danger (Argot des voleurs). *N*.

N'EN JETEZ PLUS, LA COUR EST PLEINE : De 1848 à 1860, il exista un homme mytérieux qui chantait dans les cours. Son élégance et sa distinction l'avaient fait surnommer le *Marquis*.

D'une voix très agréable il chantait le répertoire de Désaugier.

Aussitôt qu'il arrivait, les sous commençaient à pleuvoir comme grêle ; il s'arrêtait avant d'entamer une nouvelle chanson et criait :

— *N'en jetez plus, la cour est pleine* !

L'expression est restée comme synonyme de : J'en ai assez (Argot du peuple). *N*.

NE PAS AVOIR UN POIL DE SEC : Avoir peur.

La peur occasionne une sueur particulière qui mouille le corps du trembleur.

Synonyme de *faire trente et un*, palpiter (Argot du peuple). *N*.

NERF (En avoir) : Être fort, résistant.

— Il n'a pas voulu céder; c'est un gas qui a du nerf. (Argot du peuple.)

NIF ACRÉTOT : Attention.

Il y a dans l'accouplement de ces deux mots un non sens.

Nif veut dire *non* ; *acrétot*, *chut*. Cela ferait donc *non chut*, ce qui est exactement le contraire de ce que l'on veut dire.

Vidocq. lui, prend le mot *acré*, qui est le diminutif d'*acrétot*, dans le sens de *fort. violent*. ce qui n'est que plus exact.

Voici la vraie expression : *Pet, acré, cela sent mauvais, attention* ! (Argot des voleurs) N.

NISETTE : Olive (Argot des voleurs).

NOIRE COMME LE CUL DU DIABLE : Se dit d'une femme brune presque moricaude.

On dit également de quelqu'un qui a la conscience

chargée de nombreux mé-
faits :

— Son âme est noire
comme le cul du diable.

Se dit aussi d'une affaire
embrouillée dans laquelle
personne ne voit goutte
(Argot du peuple).

O

OCCASE (d') : Se dit de tout ce qui n'est pas vrai com- de tout ce qui n'est pas neuf. Un objet d'occasion est inférieur de qualité. *L. L.*

D'occase, abréviation *d'occasion*, a un autre sens.

— Une toile de Raphael achetée 40 sous est une *occase.*

— Être sans le sou et épouser une belle fille riche c'est une *occase.*

— Gagner le lot de 500 mille francs, c'est une *occase* (Argot du peuple). N.

OCCASION : Chandelier (Argot des voleurs).

OCCIRE : Tuer.

— Avec le *coup du père François*, il a été *occis* en cinq sec (Argot des vo- leurs).

OFFICIER DE GUÉRITE : Fantassin en faction.

Allusion à la garde qu'il monte dans la guérite (Ar- got du troupier). N.

OFFICIER : Garçon d'*office* qui fait les courses (Argot du boulevard).

OGRE : Ouvrier typographe qui travaille à la conscience et *dévore* l'ouvrage (Argot d'imprimerie).

OGRE : Au temps où il exis- tait des individus qui four- nissaient des remplaçants militaires, on les nommaient indifféremment *marchands d'hommes* ou *ogres* (Argot des voleurs).

OGRE : Chiffonnier en gros.

Cette expression a été attribuée à Eugène Sue parce qu'il l'employa dans les *Mystères de Paris* pour désigner le patron du Tapis franc de la rue aux Fèves ; elle est beaucoup plus ancienne, elle date de la création de la corporation des chiffonniers.

Généralement, dans chaque cité habitée par les chiffonniers réside l'*ogre* qui achète le meilleur marché qn'il peut, suivant qu'il connait le degré de misère des vendeurs. Mot à mot : il les dévore (Argot des chiffonniers) *N*.

OISEAU : Auge de maçon.

— Une truellée au sas gâche serré et monte l'*oiseau* (Argot des maçons) *N*.

OISEAU DE MALHEUR : Le corbeau, la chouette.

C'est un préjugé populaire fort ancien comme ce lui de casser une glace (Argot du peuple).

OLIVET : Oignon (Argot des voleurs).

OMBRE (Être à l') : Être en prison.

En effet, le soleil y est rare (Argot du peuple).

OMNIBUS : Sur chaque comptoir de marchands de vin, il y a un trou pour laisser écouler les résidus de liquides qui tombent pêle-mêle dans un baquet, ce mélange atroce trouve pourtant des amateurs.

On le nomme un *omnibus* (Argot du peuple).

OMNIBUS : Verre de vin contenant une chopine dans lequel chacun boit à son tour.

Omnibus, verre pour tous (Argot du peuple).

OMNIBUS (Attendre l') : Attendre devant le *zinc* que le *bistro* verse à boire (Argot du peuple).

OMNIBUS : Jeune garçon employé dans les cafés pour servir les garçons et les clients (Argot du peuple).

ONCLE : Usurier (Argot du peuple).

ONCLE : Le mari de ma *tante*, le directeur du mont-de-piété (Argot du peuple).

ONGUENT : Argent.

C'est en effet un remède efficace contre la misère, cet *onguent* là, guérit bien des maux (Argot des voleurs).

ORANGE A COCHON :
Pomme de terre, on sait
que cet animal est friand de
ce tubercule (Argot du peuple).

ORANGES SUR L'ÉTAGÈRE
(En avoir).
Femme qui a des tétons
volumineux (Argot du peu-
ple).

ORGUES : Affaires (Argot
des voleurs).

ORPHELIN : Orfèvre (Argot
des voleurs).

OUCHETROQUES AU GO-
DRIOTS : Lapins de ga-
renne (Argot des bracon-
niers). *N*.

P

PACANT : Paysan.

On dit également *pâlot*. Cette dernière expression n'est pas juste, car généralement il est *bruni* par le soleil (Argot des voleurs).

PAILLARD : Vieillard qui suit les filles (Argot du peuple).

PAILLASSON : Homme sans consistance qui place ses amitiés partout.

Paillasson, femme à tout le monde (Argot du peuple).

PAILLE : Dentelle (Argot des voleurs).

PAILLEUX : Ce mot a été créé par les néologistes à propos des députés qui reçoivent des pots de-vin, comme dans l'affaire du Panama, par exemple.

On sait que l'on met un *bouchon de paille* à un objet que l'on désire vendre ; de là *pailleux* (vendus) (Argot du peuple) N.

PAIN A CACHETER : Hostie.

— Ma môme a bouffé le *pain à cacheter*.

Allusion de forme (Argot du peuple) N.

PAIN DANS LE BIDET (Trouver son) : Souteneur de haute volée qui vit aux dépens d'une femme richement entretenue

Synonyme de *trouver son pain dans une cuvette* ébréchée.

Ce souteneur là est à son congénère ce que la truite est au hareng (Argot des filles).

PAIN FRAIS (En avoir) : Avoir son pucelage neuf ou de huit jours.

— J'ai *balancé* le *birbe*, y voulait pour une *tune* me prendre mon *pain frais* (Argot des filles) *N*.

PAIRE (En avoir une) : C'est posséder dans son jeu deux cartes de même valeur (V. *Main*) (Argot des joueurs).

PALPER : Toucher de l'argent.

Samedi, jour de *la palpe* (Argot du peuple).

PANAS . Lorsque les marchands d'habits (chineurs) achètent des lots de vêtements, ils font un choix, ceux qui sont usés jusqu'à la trame, et ne peuvent par conséquent servir à rien qu'aux chiffons sont appelés par eux des *Panas* (Argot des chineurs).

PANAMISTE : Voir la biographie du président Loubet. — Séance de la Chambre des députés

Cette expression est synonyme de flétrissure (Argot du peuple).

PANIER A CROTTES : Le derrière.

Remuer le panier à

crottes, danser (Argot du peuple).

PANIER (Le dessus du) : Les paysans qui viennent aux Halles mettent les plus beaux fruits sur le *dessus du panier* et les inférieurs dessous.

De là l'expression (Argot du peuple).

PANIER A VIANDE : Le lit.

Cette expression est extraordinairement brutale, surtout prononcée avec l'ignoble accent du voyou.

— Dis-donc, la Saucisse, v'la dix *plombes* qui *crossent*, vient foutre ta *viande* dans le *panier* (Argot du peuple) *N*.

PANNE : Misère.

Panne, mauvais rôle dans une mauvaise pièce.

Panne (être en), être en plan, en affront (Argot du peuple).

PAPELARD : Papier (Argot des voleurs).

PAQUEMON : Paquet ou ballot.

Spécialité des *roulottiers* de *barbotter* les *paquemons* aux camionneurs (Argot des voleurs).

PAQUET (En recevoir un) Etre agonisé de sottises, ou être congédié par son patron.

Paquet (le risquer), s'embarquer dans une aventure hardie.

Se dévouer dans un cas dangereux (Argot du peuple).

PARAPLUIE : Quand des joueurs jouent à la poule, à la quille, au billard, et que l'un des adversaires a sur lui un joueur maladroit, il a un *parapluie* qui le protège contre la perte.

Allusion au *parapluie* qui protège contre l'averse (Argot du peuple). *N.*

PARON : Palier de maison (Argot des voleurs)

PARQUET : Enceinte où se réunissent les agents de change pour les opérations de bourse (Argot des boursiers).

PASSE - CRIC : Passeport (Argot des voleurs).

PATTES DE LAPINS : Petits favoris que l'on laisse croître jusqu'au milieu des joues (Argot du peuple).

PATTE CASSÉE (Avoir la) : Voleur dont la police connaît la retraite.

Il a la *patte cassée*, il ne peut fuir (Argot des voleurs).

PATTE de VELOURS (faire) : Avoir envie de dire des injures à quelqu'un et, au contraire, lui faire *risette*.

Avoir envie d'*égratigner* et, au contraire, *caresser*.

Allusion au chat qui rentre ses griffes quand il est content.

Il fait *patte de velours* (Argot du peuple). *N.*

PATÉE : Synonyme de *volée* et de *daudée*.

— Il y a assez longtemps que tu me bassines, je vais te foutre une chouette *patée*.

Mot à mot : Je vais te battre (Argot du peuple). *N.*

PATENTE : Casquette.

Expression usitée chez les camelots pour désigner cette coiffure.

L'origine de ce mot est inconnue, pourtant je crois que l'on dit : *patente* parce que l'un des premiers fabricants de casquettes se nommait *Patente*, le nom est resté (Argot des camelots) *N.*

PATRARQUE : La patrouille (Argot des voleurs).

PAVILLON (Baisser) : Céder, courber la tête.

Synonyme de mettre de l'eau dans son vin (Argot du peuple) *N.*

PAVILLONNER : Plaisanter, rire, s'amuser.

Ou bien l'on *pavillonne*
Qu'on devrait *lansquiner*.

(Argot des voleurs) *N.*

PAYOT : Forçat chargé d'une certaine comptabilité (Argot des voleurs).

PEAU : Femme de rien.
Quand, dans le peuple, on dit d'une femme : c'est une *peau*, c'est tout dire (Argot du peuple).

PEAU (Travailler pour la) : Travailler pour rien (Argot du peuple).

PEAU DE BALLE : Rien (Argot du peuple).

PECCAVIS : Les péchés.
Choses qui ne préoccupent guère messieurs les voleurs.
Le *ratichon* a voulu *t'amarrer* pour que t'aille à la *planche* à *lavement curer ton chaudron* des *peccavis* de ta *muette*? (Argot des voleurs).

PEDARD : Vélocipédiste non professionnel qui fait de la bicyclette en amateur.
— Regarde donc ce qu'il *degotte* mal ce sale *pédard* (Argot des cyclistes) *N.*

PELARD : Foin.
Pelarde faulx (Argot des voleurs).

PELLE (En ramasser une) : Tomber à terre (V. Bûche) (Argot des cyclistes) *N.*

PENTE (Avoir la gueule en) : Buveur qui a le gosier facile.

La boisson descend comme une boule sur une *pente* (Argot des filles). *N.*

PÉTARD (En faire) : Faire du tapage.
Pétard, en lancer un, afin de se rendre compte du bruit qu'il fera dans le public (Argot des journalistes).

PÉTARD : Le derrière.
L'allusion est facile à comprendre (Argot du peuple).

PÉTARDIER : Homme qui fait du *pétard* (Argot du peuple).

PERDRIX : Galines (Argot des braconniers) *N.*

PÉTAUD : Indiscipline, désordre, rébellion.
— Ta maison, c'est comme la *cour du roi Pétaud* (Argot du peuple).

PÉTAUDIÈRE : Vient tout naturellement de *pétaud*.
Pétaudière, réunion, assemblée où il est impossible de s'entendre.
La Chambre des députés actuelle, par exemple.
Cette expression a été employée par Voltaire :
— Genève, dit-il, est une *pétaudière* ridicule (Argot du peuple).

PÉTEUX : Honteux.
— Il s'en va comme un

péteux, la tête basse, sans trouver un mot à dire (Argot du peuple) *N*.

PETITE (Belle) : Fille publique (Argot du boulevard).

PHILOSOPHES : Des souliers.

Ils sont bien forcés d'accepter le temps comme il est, boue, soleil ou neige, et le pied qui le chausse.

On appelle également *philosophes*, des grecs qui opèrent seuls dans les cercles et les tripots.

Le *philosophe d'allumage* est celui qui prépare les *pontes*, qui en ce cas deviennent des *pantes* (Argot du peuple) *N*.

PIAFFEURS : C'est un mot français qui figure au *Larousse* : cheval qui *piaffe*.

C'est sa manière de témoigner son impatience.

Cette expression, dans le monde des vieux *tendeurs* qui fréquentent les coulisses et le foyer de l'Opéra a une signification bien différente.

Le vieux *piaffe* tant son désir est grand de jouir de la saveur d'un fruit vert qui a la forme d'une petite danseuse.

Le *piaffeur* ne *piaffe* pas des pieds... quand il peut. (Argot des coulisses) *N*.

PIED DE BANC : Sergent d'infanterie.

Je n'ai pas trouvé le sens de ce mot, les étymologies sont diverses, mais il est très usité dans les régiments (Argot des troupiers) *N*.

PIF : Nez énorme.

Oh ! ce cadet-là, quel *pif* qu'il a. Ah ! ce cadet-là, quel *pif*.

(Argot du peuple) *N*.

PIGET : Château (Argot des voleurs),

PILOTE : Souteneur.

En effet, il *pilote* sa *marmote* sur le *trimard* (Argot des filles) *N*.

PIMPIONS : Pièces de monnaie (Argot des voleurs).

PINCE-SANS-RIRE : Agent de police.

Ce n'est pas toujours juste, car il arrive parfois que les agents sourient en faisant une bonne capture (Argot des voleurs).

PIPER : Se laisser prendre.

— Cet imbécile s'est laissé *piper* (Argot des voleurs) *N*.

PIPER : Ne pas répondre.

— Je lui ai flanqué un rude savon et il n'a pas *pipé* un mot (Argot du peuple) *N*,

PIQUANTE : Epingle (Argot des voleurs).

PISTON : Protecteur influent qui pousse un individu.

Il le *pistonne* (Argot du peuple).

PITANCHER : Boire.
Vieille expression qui se trouve dans Vadé.

Le beau sexe lave sa gueule
Et *pitanche* tout aussi sec
Que si c'était du romet sec.

(Argot du peuple).

PITRE : Paillasse qui amuse le public aux bagatelles de la porte pour amasser la foule.
On applique cette expression à certains hommes politiques (Argot du peuple).

PITROU : Pistolet, fusil (Argot des voleurs).

PLAFOND (Être bas de) : Individu de petite taille (Argot du peuple).

PLANCHES : Avoir l'aplomb de la scène.
— Il a trente ans de *planches* (Argot des coulisses).

PLAQUER : Laisser en plan, abandonner.
— Mon homme m'a *plaquée* comme un pet (Argot du peuple).

PLAT D'ÉPINARDS : Paysage peint dans lequel on ne voit que du vert (Argot des peintres).

PLATINE (En avoir une) : Bavard intarissable.

C'est le signe particulier qui distingue les garçons coiffeurs du Midi (Argot du peuple).

PLATUE : Galette (Argot des voleurs).

PLEIN DE SOUPE : Homme à ventre rebondi, gras à lard (Argot du peuple).

PLEIN LA MAIN (En avoir) : Être condamné à cinq ans de prison.
— Tu n'as pas à te plaindre, je suis *gerbé à vioch*, tu n'en as que pour *plein la main* (Argot des voleurs).

PLEINE LUNE : Une paire de fesses copieuses (Argot du peuple).

PLEURANT : Ognon.
Les voleurs connaissent le vieux dicton :
— Il s'est frotté les yeux avec des ognons pour faire croire qu'il a du chagrin d'enterrer sa femme (Argot des voleurs).

PLEUVOIR DES CHASSES : Pleurer abondamment (Argot des voleurs).

PLOMB (En avoir dans l'aile) : Ne marcher que d'une patte.
Allusion à l'oiseau blessé à l'aile qui ne peut plus voler (Argot du peuple).

PLONGEUR : Homme misérable, déguenillé. *A. D.*

Plongeur, laveur de vaisselle, toute la journée il *plonge* dans le baquet aux eaux grasses (Argot des cuisiniers) *N*.

PLONGEUR : Mendiant (Argot des voleurs) *N*.

PLOYANT : Portefeuille (Argot des voleurs).

PLUME : Pince monseigneur.
Les agents, par la pratique, connaissent la manière de faire de chaque voleur.
— C'est un tel qui a signé son nom avec sa *plume* (Argot des voleurs).

PLUS DE GAZ DANS SON COMPTEUR : Mourir.
Le robinet de la vie est fermé, les yeux sont *éteints* (Argot du peuple) *N*.

PNEU : Terme usité dans le monde cycliste.
Abréviation de *pneumatique* (Argot des cyclistes).

POCHARD : Ivrogne.
Le sens de ce mot est controversé, je crois cependant que son origine est des plus simples.
Le *pochard* en perdant son équilibre tombe, il se *poche* (Argot du peuple).

POCHONS : Dans beaucoup de ménages d'ouvriers, le undi, la femme a des *po-chons* sur les yeux, c'est une gratificatiou du mari pour répoudre aux reproches de sa femme.
Mot à mot, *yeux pochés* (Argot du peuple).

POÊLONS SANS QUEUE : Vieille fille publique qui ne peut plus exercer et qui ne rapporte rien à son souteneur (Argot des souteneurs) *N*.

POIGNE : Auteur dramatique, poète ou littérateur (Argot des voleurs).

PONT (Couper dans le) : croire naïvement.
Faire le pont, préparer les cartes pour tricher.
Faire le pont, ne pas venir au bureau où y venir le moins possible (Argot du peuple).

PONTEUR : Entreteneur riche, il *ponte* (paye) (Argot du peuple).

PORTANCHE : Portier (Argot des voleurs).

PORTE LUQUE : Portefeuille (Argot des voleurs).

POT : Cabriolet (Argot des voleurs).

POULAIN : En français, *poulain* veut dire : Jeune cheval.
Dans le monde cycliste, l'homme est assimilé à un *poulain*.

Chaque coureur qui dresse un jeune homme, l'entraîne pour la course, dit :

— Je suis content de mon *poulain* (Argot des cyclistes). *N*.

POULAINTE: Vol par échange (Argot des voleurs).

POULE : Quand plusieurs joueurs sont réunis pour se disputer un prix, à qui le gagnera, c'est faire une *poule*.

On fait aussi une *poule* à l'épée, celui qui reste des deux derniers lutteurs est le vainqueur qui gagne la *poule* (Argot des salles d'armes).

POULET D'HOSPICE: Homme maigre, décharné.

Cette expression est appliquée à ces malheureux dont l'existence se passe à traîner d'hospice en hospice jusqu'à leur mort (Argot du peuple).

POUSSE-AU-VICE : Mouche cantharide (Argot des voleurs).

POUCETTE : Dans les cercles et dans les maisons de jeu, certains individus qui ne sont pas des grecs, mais bien des voleurs, pratiquent la *poucette*.

Cela consiste simplement à avoir devant soi une pièce de cinq francs ou un louis,

et a le *pousser* au moment où la banque perd.

C'est jouer sans risque (Argot des joueurs). *N*.

PRE : Bagne.

Être condamné au *pré* (aux travaux forcés) (Argot des voleurs).

PRÉVENCE : Prévention.

Prévence, par abréviation.

— J'ai tiré dix *marquées* de *prévence* au *ballon* (Argot des voleurs). *N*.

PRÉVOT : Chef de chambrée dans les prisons.

On choisit généralement pour remplir cette fonction, le voleur le plus redoutable par sa force (Argot des voleurs).

PRIANTE : Église (Argot des voleurs).

PRIÈRE (la) : Opération qui consiste dans les prisons à sonder chaque matin et soir les barreaux des cellules, pour s'assurer par le son qu'ils n'ont été ni sciés ni limés (Argot des voleurs). *N*.

PRIME : C'est la plus-value d'un titre sur son prix d'émission.

On appelle aussi *prime* le *maximum* de la perte qu'on peut faire dans une opération (Argot des boursiers).

PROMONT : Procès (Argot des voleurs).

PRUNE-DE-MONSIEUR : Archevêque.

Allusion à la couleur violette des vêtements qui ressemble exactement à celle de ce fruit (Argot des voleurs).

PUTAINS DES PAUVRES : Les députés.

Cette expression nouvelle n'est pas très polie pour les bidards du suffrage universel, si on s'en rapporte à la légende de Sainte-Thérèse.

Seulement cela ne doit pas être pris dans le même sens, car si les députés sont putains, ce n'est assurément pas par charité (Argot du peuple). *N.*

Q

QUÉMANDER : Mendier.

Quémandeur, mendiant.

Cette expression s'applique aussi bien aux *quémandeurs* de places et d'honneur qu'à ceux qui *quémandent* de l'argent (Argot du peuple).

QUENOTTES : Les dents.

— Fais voir, mon petit ami, tes jolies *quenottes* (Argot du peuple)

QUEUX T EST-CE . Quand, dans un atelier de composition typographique, un compagnon adresse une demande à un autre, soit un prêt d'argent, soit des caractères de sa casse, s'il ne veut pas lui rendre service il lui répond *qu'eux-t'est-ce*.

Synonyme de faire la sourde oreille (Argot d'imprimerie). *N.*

QUIBUS : Monnaie, or ou argent.

Je suis conducteur d'omni-
| bus,
Mesdames, passez-moi vo-
| tre *quibus*.

dit la vieille chanson (Argot du peuple).

QUINCAILLERIE : Les décorations quelles qu'elles soient.

— Allumes donc, ce qu'il a sorti sa *quincaillerie* (Argot du peuple). *N.*

R

RAFFALAUD : Le prêteur d'un cercle.

Il *rafle* l'argent des joueurs et les plonge dans la *rafale* (misère) (Argot des joueurs). *N.*

RAFALER : Abaisser quelqu'un, l'humilier (Argot des voleurs).

RAMCOBOLADES : Histoire de brigand qui passionne les portières.

Ponson du Terrail excellait dans la *ramcobolade* (Argot du peuple). *N.*

RAMIJOTÉS : Réconciliés.

Synonyme de *rapapilloter* (Argot du peuple). *N.*

RAPE : Plume (Argot des voleurs).

RAPETTE : Le *rapé* est une sorte de piquette, dans les campagnes, après les vendanges les pauvres grapillent, les raisins récoltés sont mis dans un tonneau que l'on emplit d'eau, à mesure qu'on tire une cruche de *rapé*, une cruche d'eau la remplace.

— Eh la femme va nous tirer un *coup de rapé*.

De *rapé* on a fait *rapette* pour exprimer le rapprochement de deux sexes différends.

— Oh ! la Jeanne, sa jupe devient trop courte, elle a tiré sa p'tiote *rapette* (Argot des vignerons). *N.*

RAPIOTÉ : C'est la corruption du mot *rapiat* et l'extension de *rape* (avare).

— Je lâche la *cambuse*, la patronne *rapiole* sur tout, elle tuerait un pou pour en avoir la peau (Argot du peuple). *N.*

RASOIR : Individu ennuyeux.

On dit également *rasoir anglais*.

— Quel *raseur*. Voilà deux heures qu'il me parle, je n'ai rien compris.

— Son discours est rudement *rasoir* (Argot du peuple).

RASSIS : Un individu est *rassis* quand il vieillit.

Rassis, vieux gâteaux que les pâtissiers vendent aux gamins à prix réduit.

— Il ou elle a fait une fin, il est *rassis* (Argot du peuple). *N.*

RASTAQUOUÈRE : Mon éminent et regretté confrère Francisque Sarcey m'a donné le vrai sens de ce mot :

. . . .

« Vous savez que dans l'Amérique du Sud, la richesse du pays consiste dans les innombrables troupeaux de bœufs, que l'on abat moins pour la viande, qui, pour la plupart du temps, ne trouve pas d'emploi, que pour les peaux, qui sont séchées et tannées ensuite.

« On emploie pour traîner les peaux visqueuses et gluantes au séchoir des ouvriers dont le métier, comme on peut le voir, n'est pas des plus reluisants : on les appelle *rastaquéres*, — de *rastar*, traîner, et de *cuéro* (prononcez *couéro*, peau de bœuf en espagnol, et de *rasta*, traîner, et *cueiro* (prononcez *coueïro*) en portugais.

« Rastaquaquouère, en son sens primitif, pourrait donc se traduire chez nous par le mot de *goujat*. On sait que *goujat* a signifié primitivement *valet de soldat*, et, comme c'est le dernier des métiers, on a affublé de cette désignation tous ceux à qui l'on ne supposait aucun sentiment de fierté virile : c'étaient moins que des hommes.

« Ainsi le rastaquouère. Dans l'Amérique du Sud, quand on veut parler d'un homme de rien, on dit de lui : — C'est un traîneur de peau : c'est un *Rastaquouère* !

« Supposez à cette heure un personnage qui s'en fait accroire, qui, sans avoir de mérite personnel, prétend éblouir par un faste ridicule de parvenu. On le rappellera à l'ordre, on marquera son mépris pour lui en disant : — C'est un traîneur de peaux, c'est un *Rastaquouère* !

« Cette seconde signification n'a pas tardé à primer l'autre. Toutes les fois que l'on a eu affaire à un richard mal élevé, au lieu de dire, comme on disait chez nous : — C'est un marchand de cochons, — on indique par le mot de *Rastaquouère* qu'il a fait sa fortune dans le commerce des bœufs.

« L'expression, en passant dans notre langue, a revêtu une nouvelle signification : le *Rastaquouère* est un soi-disant enrichi, un poseur de lapins grêlé de faux diamants. » (Argot des boulevardiers).

RATAPOIL : Bonapartiste.
On appelait ainsi les membres du Comité décembriste de la place du Havre.
Cette expression est synonyme de *Badingouin* et de *Badingueusard* (Argot du peuple).

RATATOUILLE : Mauvais fricot, ragoût manqué.
La nourriture que l'on sert aux troupiers est généralement de la *ratatouille*.
Augmentatif de *Rata* (Argot du peuple).

REBECTAGE (Cavaler au) : Se pourvoir en cassation ou en grâce.
Mot à mot : *Se rebecter, se refaire* (Argot des voleurs).

REBONDISSEURS : Vagabonds.
Sans domicile, toujours par voies et par chemins, ils *rebondissent* de ville en ville, et souvent, quand ils sont trop importuns, on les envoie *rebondir* (Argot des voleurs). *N.*

RELUISANT (Voir dans le dictionnaire *Faire chapelle*).
L'expression *reluisant* est un terme de police pour qualifier ces immondes individus (Argot des agents).

BENGAINE : Silence, taisez-vous, fermez ça, voilà la *rousse* (Argot des voleurs).

REPOISSER : Reprendre.
— Pas de veine. je sortais le matin de la *Centrousse*, je me fais *repoisser* (Argot des voleurs) *N.*

REQUINQUÉ : Habillé à neuf, ou changer ses effets de travail pour endosser ceux du dimanche.
— Ma femme est rien *chouette* quand elle est *requinquée*, elle vaut dix sous de plus (Argot du peuple) *N.*

RATTRAPAGE : Terme usité dans les ateliers de composition typographique pour indiquer qu'un compagnon est tenu de *rattraper* jusqu'au nom du camarade qui a la *cote* suivante (Argot d'imprimerie).

RAYON DE MIEL : Dentelle (Argot des voleurs).

REBATIR : Tuer, assassiner (Argot des voleurs).

REBOUIS : Mort.

De la *rebouiser* : Tuer (Argot des voleurs).

REBRATER : Revenir sur ses pas, expression usitée en Bourgogne, acclimatée à Paris depuis une vingtaine d'années (Argot du peuple).

RECORD : Détenir.

Cette expression n'a cours, populairement, que depuis le développement de l'usage du vélocipède.

On ne s'en servait pas pour les courses de chevaux, on ne s'en sert pas davantage aujourd'hui.

Détenir le record de 100 kilomètres (Argot du peuple) *N*.

REFAITE : Repas.

Refaite du mattois, déjeuner.

Refaite de jorne, dîner.

Refaite de sorgue, souper.

Refaite de coni, extrême-onction (Argot des voleurs).

REFOULER : Hésiter, renoncer à faire une chose. *A. D.*

Refouler. Les forgerons *refoulent* une pièce de fer pour faire un renflement ou une *embase*.

Les arbres de couches pour les transmissions mécaniques sont *refoulés* pour établir les congés qui doivent rouler dans les coussinets (Argot des forgerons).

RAIGUiSÉ : Ruiné, être sans sou ni maille.

— Je suis *raiguisé*, je n'ai plus le sou et pas bonne envie de bien faire (Argot du peuple).

RELANCER : Au jeu de poker, quand un joueur fait une mise sur son attaque, généralement l'un des adversaires ponte une mise plus élevée de façon à lui faire renoncer à sa mise, cela s'appelle *relancer* (Argot des joueurs).

REMEMBRANCE : C'est assurément une corruption de *remembrer* (se souvenir).

Remembrance est ici pris dans le sens de mémoire (Argot des journalistes) *N*.

REMISIERS : Intermédiaires entre les maisons de banque et les agents de change ou les coulissiers (Argot des boursiers).

RENGRACIER : De voleur, devenir honnête homme,

rentrer en grâce auprès de la société.

Mot à mot, *balancer ses alènes*.

Rengracier, chut, silence, il y a danger à parler (Argot des voleurs).

RÉPONSE DES PRIMES : Est une opération qui consiste en ceci : le jour où se fait la liquidation l'acheteur déclare s'il entend, oui ou non, prendre livraison des titres qui lui ont été vendus, s'il gagne il les prend, s'il perd, il paye la différence... s'il peut (Argot des boursiers).

REPORT : Quand un acheteur à terme ne peut régler à la liquidation il s'adresse à un capitaliste qui, moyennant une commission variable, *lève* les titres achetés en son lieu et place.

Mot à mot, *report, reporter* à une autre époque (Argot des boursiers).

REPORTER : Se faire *reporter*, c'est ne pas pouvoir prendre livraison à une époque des titres achetés, et opérer pour une date ultérieure (Argot des boursiers).

REQUIEM (Un air de) : Quand les marins sont en haute mer et que tout à coup il se déchaîne une tempête, qu'ils sont en péril, que la mer vente la mort, ils disent :

— La mer *chante un air de requiem* (Argot des marins) *N*.

RÉSIDUS : Généralement cette expression est employée comme terme de mépris.

C'est un *résidu*, moins que rien

En Bourse, un *résidu* est quelque chose, c'est une valeur.

Les actions d'une société quelconque, émises à cinq cents francs, tombent à zéro, elles sont rachetées par les boursicotiers du *marché des pieds humides* à 25 ou 50 centimes, des industriels prêts à faire faillite les achètent à ce cours et les mettent dans leur coffre-fort : ils les portent sur leurs livres au prix d'émission, soit 500 francs, et invoquent cette perte pour justifier de leur déconfiture (Argot des boursiers) *N*.

RESSEMELEUR FINANCIER : Écrivain qui fait profession de couper des bribes d'articles financiers pour composer un tout.

Truc employé pour ne pas payer de rédaction (Argot des boursiers). *N*.

RESSAUTEUR : Individu qui regimbe constamment (V. *ressauter*) (Argot du peuple). *N*.

RETOQUÉ : Étudiant qui ne

réussit pas dans ses examens.

Il est *reloqué* (Argot des étudiants).

REVERDIR AU PRÉ : Forçat que la cour d'assises envoie au bagne.

S'il *reverdit*, le pauvre diable ne *fleurit* guère (Argot des voleurs). *N.*

REVUISTE : Petit auteur dramatique qui fabrique des petites revues de fin d'année pour les petits théâtres.

Ils se mettent généralement deux ou trois pour faire peu de chose (Argot des cabotins). *N.*

RHUME ECCLÉSIASTIQUE : Maladie qui a fait la fortune de Charles Albert et d'autres charlatans dont les affiches ornent les pissotières (Argot du peuple). *N.*

RINCETTE : La *rincette* est une petite goutte de liqueur, cognac ou rhum, que l'on boit après le café déjà arrosé d'un petit verre.

Dans le peuple, on dit : le *pousse-café*, ou au superlatif, une *sur-rincette*.

Depuis peu, on donne à cette expression une signification autre.

Quand un enfant est malingre, chétif, déformé, rachitique, qu'il n'a pas pour deux liards de vie dans le ventre, on dit que c'est une *rincette*.

Quelque chose comme la goutte de la laitière.

L'expression est typique (Argot du peuple). *N.*

ROMANICHELS : Bohémiens nomades qui parcourent la France, ayant pour profession apparente de raccommoder les paniers, d'étamer les casseroles ou de prédire la bonne aventure, mais dont la profession réelle est de voler.

Ils marchent par bandes et sont la terreur des paysans.

Ils viennent du fond de la Hongrie (Argot des voleurs).

ROUGET : Individu qui a les cheveux couleur du poisson de ce nom.

Synonyme de *rouquin* (Argot du peuple).

SABRI : Bois, forêt.

De là sans doute, *sabre* pour bâton (Argot des voleurs).

SAC : (Un coup de sac) : Dans le monde bourgeois on joue le loteau, quand un joueur ne voit pas ses numéros sortir, il crie :

— Un *coup de sac* pour le plaignant.

Quand une femme marche dans la rue et serre sa robe pour accentuer ses formes en tortillant son derrière, les voyous disent :

— La manon donne son *coup de sac* (Argot du peuple) *N.*

SACLIQUER : Se coller.

Une fille publique *s'aclique* avec un souteneur.

On dit aussi se *maquer* (Argot des policiers).

SAINT TENAILLE : La ville de Saint-Denis.

D'aucuns disent *saint-Denaille*, cette dernière expression est, je crois, la vraie (Argot des voleurs).

SAINTE-NITOUCHE : Fille ou femme qui baisse les yeux à la moindre parole un peu leste, qui exagère la pudibonderie, mais qui fait ses coups en dessous.

— Elle n'a pas l'air d'y toucher, on lui donnerait le bon Dieu sans confession cela ne l'empêche pas d'ê-tre putain comme chausson (Argot du peuple) *N.*

SALADE : *Réponse* à une question.

On sait que la *raiponse* est une *salade.*

Messieurs les voleurs en ont fait un jeu de mots (Argot des voleurs).

SALBRENAUD : Savetier qui éreinte les savates qu'on lui confie à réparer (Argot des voleurs).

SALÉ : Lorsqu'un voleur passe devant la correctionnelle ou en cour d'assises, et qu'il attrape le *maximum* il dit qu'il a été *salé* (Argot des voleurs),

SALOPE : Femme sale.

Fille qui se traîne dans le ruisseau.

Femme mariée qui a des amants.

Terme de mépris (Argot du peuple).

SANGLIER : Le prêtre.

Pourquoi ?

Le prêtre n'a pourtant rien du *sanglier*, ni les allures, ni la rudesse, car il ne tient pas tête à ceux qui le combattent (Argot des voleurs).

SANGLÉ (Être) : Être à court d'argent.

Sanglé, se serrer pour acheter des objet de toilette.

Mot à mot, se priver.

Allusion à la ceinture que l'on serre d'un cran quand on n'a rien à manger et qui vous *sangle* le ventre (Argot du peuple).

SANGSUE : avoir une femme qui mange tout, une maison qui vous ruine ; des parasites à sa table, trop d'enfants à nourrir, des amis qui vous tapent sans cesse et dont on ne peut se défaire, autant de *sangsues* elles sucent tout dans une maison, comme la sangsue suce le sang du malade (Argot du peuple).

SANS-BOUT : Cerceau.
La figure est des plus justes puisque l'on peut le faire tourner sans en trouver la fin (Argot des voleurs).

SANS-CANNE (être) :
Condamné en rupture de ban.
Il **a** brisé sa *canne* (sa surveillance) (Argot des voleurs).

SAP (Taper dans le) : Sap, abréviation de *sapin*.
Taper dans le sap, être mort et enterré.
Allusion à la bière de sapin qui est l'apanage des pauvres, ce qui a donné lieu à ce jeu du mot lugubre, deux croquemorts causent ensemble, l'un demande à l'autre :

— Quelle est la meilleure bière ?
— C'est la bière de *sapin*, répond l'autre ! (Argot du peuple).

SAPINE : Les grands morceaux de bois, élevés en forme de pylone qui servent aux maçons pour élever leurs pierres, se nomment des *sapines*, parce qu'ils sont en bois de *sapin* (Argot des charpentiers).

SAUCE (La gober) :
Synonyme de *boire le bouillon*.
Perdre son argent dans une fausse spéculation, empoigner une maladie vénérienne ayant cru dénicher une pucelle, avoir une femme qui vous fait des enfants tous les ans avec... les autres ; *bouillon* dur à avaler, mais il faut quand même *gober* la sauce (Argot du peuple).

SAUCISSE DE RÉSERVISTE : Saucisse longue de trois sous que les charcutiers appellent saucisse de Strasbourg.
Ce n'est pas lui qui la consomme.
Il s'en garderait bien, car il sait que pendant les 28 jours, il n'en faut jamais manger (Argot du peuple).
N.

SAUTER : Quand un voleur cache le produit d'un vol à

ses complices, il fait *sauter le pognon* (Argot des voleurs).

SAUTER LA COUPE : Tricher aux cartes.

Remettre les cartes en leur état par un habile tour de main (Argot des grecs).

SAUTERELLE : Puce (Argot des voleurs).

SAUTERELLE : Femme ou fille grande et plate ayant des jambes et des bras d'une grandeur démesurée (Argot du peuple) *N*.

SÉCOT : Homme mince et long. *Sec* comme un coup de trique.

— Fais donc pas le malin, sale *sécot*, tu ne tiens pas sur tes *fils de fer* (Argot du peuple) *N*.

SELECT : Mot anglais passé usuellement dans notre langage.

Femme *select*, soirée *select*, homme *select*.

Synonyme de *chic* et de *rupin*, expression plus originale et surtout plus parisienne (Argot du monde).

SER : Signal.

Quand des voleurs sont réunis pour un coup à faire et qu'ils doutent d'un étranger, celui qui a des soupçons, crache par terre d'une certaine façon (Argot des voleurs) N.

SERGOLLE : Ceinture (Argot des voleurs).

SERPENT : Crachoir (Argot des voleurs).

SERPENTIN : Matelas (Argot des voleurs).

SERRANTE : Serrure.

Allusion au cadenas du cabriolet qui serre les poignets du prisonnier, en effet, le pène dans la gâche *serre* la porte (Argot des voleurs).

SERVIETTE : Papier quelconque pour un usage intime.

Chiffon pour les dégoutés.

Eponge pour les sybarites (Argot du peuple) *N*.

SERVIR : Trahir, dénoncer.

— Tu sais, le *Frisé*, il a été *servi* par la *Loupette*

Mot à mot, servi à la police par un misérable mouchard (Argot des voleurs).

SCIER SON ARMOIRE : Quand le contrebassiste, dans un orchestre, fait sa partie, les voyous disent :

— Il *scie son armoire*.

Allusion au mouvement de l'archet (Argot du peuple) *N*.

SE PAYER UN COUP DE VEUVE : S'offrir une satisfaction personnelle, solitairement.

La veuve c'est madame Poignet.

Quand un assessin *lingue* un *pante*, il s'offre un *coup de veuve*, seulement c'est *Charlot* qui opère à sa place et sa satisfaction n'est pas synonyme de jouissance quand la tête de l'assassin tombe dans la sciure. (Argot du peuple). N.

SI MA TANTE ÉTAIT UN HOMME : Cette expression est employée communément dans le peuple pour exprimer l'absence de la virilité de la femme.

— *Si ma tante en avait* elle serait colonel dans la garde nationale (Argot du peuple) N.

SIBIGOITE : Cigarette.

Cela n'a aucune raison d'être, mais les ouvriers marbriers ne se servent que de cette expression (Argot des ouvriers).

SIFFLET : Voix (Argot des voleurs).

SIME : Bourgeois (Argot des voleurs).

SMART : Expression nouvelle qui nous vient de l'anglais, elle est importée depuis peu.

Cela se prononce *smatt*, et ne s'emploie pas du tout comme le font les journalistes dans le sens, et

somme synonyme de *select*.

Smatt est le contraire de *snob*, imbécile.

En Angleterre et en Amérique, quand deux hommes passent un contrat, l'un des deux cherche à *rouler* l'autre, s'il n'y peut parvenir il dit :

— Je n'ai pas réussi, il était trop *smatt*, ce qui veut dire trop *malin*, trop *madré*, trop *retors* (Argot des journalistes) N.

SORTI (Il est) : Homme distrait qui n'est jamais à la conversation et dont la pensée est sans cesse ailleurs (Argot du peuple) N.

SOUBRETTES DE CHARLOT : Les aides du bourreau chargés de faire la toilette du condamné à mort (Argot des voleurs).

SOUDRILLARD : Homme qui court après toutes les femmes.

Corruption de *soudard*, duquel on avait fait *soudrille* en vieux français (Argot des voleurs).

SOURIS : Caresses.

— Ma *môme* me fait la *souris* toute la journée (Argot des souteneurs).

SOUS FAUSSANTE : Faux nom.

— J'en ai eu *plein la main* (cinq ans) *sous faussante* (Argot des voleurs).

SOUTADOS : Cigare d'un sou.

A *sou*, monnaie française, on a ajouté *tados* qui ne veut rien dire, mais a une certaine tournure espagnole (Argot du peuple).

STOPPER : *Stopper*, arrêter.

Le mécanicien arrête la machine, il *stoppe*.

On dit à un orateur qui fait un discours maladroit : *stoppez*, dans le sens de taisez-vous.

La science du tailleur a crée le *stoppeur*, celui qui reprise les accrocs aux vêtements.

Il est regrettable que son aiguille habile ne puisse repriser les consciences.

Il aurait eu un rude ouvrage au Palais-Bourbon (Argot du peuple).

SUIF (En recevoir un) : Être fortement réprimandé par le patron.

On dit également recevoir un *gras*.

— J'ai perdu un *tiers*, ce que le *contre-coup* m'a *graissé*, c'est un vrai beurre.

Deux mots pour exprimer le même objet (Argot du peuple).

SURETTE : Pomme.

Allusion à l'acidité de ce fruit que l'on rencontre en Normandie sur les grandes routes (Argot des voleurs).

SYLVAIN : Pendant l'hiver on rencontre journellement dans les rues de Paris, des hommes qui colportent au bout d'une perche des branches de gui, au printemps ils vendent des marguerites et des narcisses, l'été ils offrent des fougères pour planter dans les jardinières, à l'automne vendent des bruyères, c'est dire qu'ils passent leur vie dans les bois, pour recueillir ces plantes, c'est pour cette raison que dans le peuple on les nomme des *sylvains*, sans se douter que ce mot vient de *Sylva* (forêt) (Argot du peuple) *N.*

SYMBOLE : (Avoir un) : Avoir un compte ouvert chez le mastroquet (Argot d'imprimerie).

T

TABLEAU (Y bâiller) : Mauvais acteur qui n'a dans une pièce qu'une *panne*, bout de rôle insignifiant (Argot des coulisses).

TABLEAU-RADIS : Toile que le marchand n'a pu vendre.

Quand il *revient* à l'atelier, on dit : Mon *tableau-radis*.

On en dit autant du livre : un *livre-radis*.

Allusion au *radis rose* ou noir qui occasionne des *renvois* (Argot d'ateliers).

TABLETTE : Brique (Argot des voleurs).

TAFFETAS : Trembler de peur.

— Il a tellement le *taf-fetas* qu'on ne lui mettrait pas une feuille de papier à cigarettes entre les fesses.

Taffetas (l'avoir du vert): frileux qui a peur du froid (Argot des voleurs).

TALBINER : Assigner quelqu'un devant le tribunal de *Talbin*, billet. (Argot des voleurs). .

TAMBOUR : Chien.

Quand un étranger pénètre dans une maison, les aboiements réitérés du chien imite le *roulement du tambour*.

L'expression *alarmiste* (V. dict.) est plus juste (Argot des voleurs).

TAPEUR : Celui qui *tape*,

qui emprunte de l'argent à un autre.

Il en existe un célèbre qui commence par vous proposer un chemin de fer de Paris à Nice ou la création d'un journal destiné à bouleverser l'équilibre européen, et qui finit par vous emprunter dix sous pour prendre l'omnibus.

J'ai connu un *tapeur* qui proposait à un de mes amis de fonder une société pour faire cuire des pommes de terre sous les cendres de Napoléon Ier.

Leurs rendez vous sont au passage de l'Opéra et au café Cardinal, on les rencontre aussi autour de la Bourse, au café de l'Arcade, ce fut là que B... acheta une usine de la valeur de 30.000 francs avec six sous (Argot du peuple). *N.*

TAPIS DE REFAITE : Table d'hôte (Argot des voleurs).

TAPPE : La marque au fer rouge qui était appliquée sur l'épaule des condamnés aux travaux forcés (Argot des voleurs).

TAQUER : Hausser pour les voleurs.

Taquer, frapper les caractères d'imprimerie en *paquet* pour les égaliser, avec un morceau de bois *ad hoc* ou le dos de la brosse (Argot d'imprimerie), *N.*

TARABUSTER : Bousculer, battre.

Vient des deux mots : *Taraudée* et *daudée.*

— Ce brigand-là me *tarabuste* continuellement (Argot du peuple). *N.*

TARTE : Chose de mauvaise qualité.

Les faux-monnayeurs sont des *mornifleurs-tarte.*

Ils écoulent de mauvais argent.

Allusion aux *tartes* faites avec de la vieille graisse et de la farine avariée que l'on vend dans les fêtes foraines (Argot des voleurs). *N.*

TARTE A LA CRÈME : Femme qui a la figure couperosée par la boisson ou par une maladie vénérienne (Argot du peuple). *N.*

TATILLON : Homme méticuleux qui *tatillonne* vingt fois avant de faire une chose.

Cette catégorie d'individus se trouve parmi les employés sédentaires des bureaux (Argot du peuple). *N.*

TATOUILLE : Coups donnés.

— Je vais te *tatouiller* les côtes (Argot du peuple).

TAULE : Le bourreau.

J'ignore où Victor Hugo a trouvé cette expression ; elle est fausse et est inconnue dans le monde des prisons comme dans le peuple.

Taule veut dire maison, par extension dans tous les cas, on n'aurait pu dire du bourreau le *Taulier* quoiqu'il ne soit pas le maître de la prison (Argot du peuple).

TEIGNE : Femme acariatre qui se cramponne et dont on ne peut se débarasser.

On dit méchante comme une *teigne*

Ce c'est pas une allusion à l'horrible maladie connue sous ce nom, c'est une allusion aux fruits que produit une plante qui croît dans les marais, dans les campagnes, les gamins les jettent après les passants qui ne peuvent s'en débarrasser.

Cette plante se nomme la Bardanne. (Argot du peuple). *N.*

TÉMOINS (les) : Testicules.

Heureusement que pour certains ces *témoins* sont muets et que pour cette raison ils ne peuvent être assignés en police correctionnelle (Argot du peuple). *N.*

TENDRE LA PERCHE : Venir en aide à quelqu'un, le sauver.

Allusion à la *perche* que l'on *tend* à une personne qui se noie (Argot du peuple).

TENIR A 40 SOUS (Se) : Etre à l'agonie, ne pas vouloir mourir.

Mot à mot marchander le croque-mort (Argot du peuple).

TENIR LA CHANDELLE : Mari complaisant qui sait que sa femme le trompe et qui accepte ça très tranquillement.

L'amant de cœur d'une fille entretenue.

Ils *tiennent la chandelle* (Argot du peuple).

TENIR SUR LES FONDS : Etre cité comme témoin en cour d'assises ou en police correctionnelle, pour déposer contre un accusé (Argot des voleurs).

TERMÉ : Acheter à *terme*, c'est acheter une valeur pour la régler au moment de la liquidation.

A cette époque, s'il croit à un mouvement de hausse pour plus tard, il se fait *reporter* (Argot des boursiers).

TEUF, TEUF : Mot imitatif.

Les automobiles en roulant font *teuf, teuf* comme la fumée de la locomotive (Argot des cyclistes). *N.*

TIRE-BOGUE : Voleur à la tire qui a la spécialité de *faire les montres* (Argot des voleurs).

TOILE D'EMBALLAGE : Linceul.

Cette expression est toujours en usage, malgré que, dans les hôpitaux, on n'ensevelisse plus les morts dans une *serpillière* (Argot du peuple),

TOQUÉ : A moitié fou.

Mon homme est *toqué* à ce point qu'il prend les bocaux de couleur du pharmacien pour les lanternes de l'omnibus.

Synonyme de *coup de marteau* (Argot du peuple) *N.*

TORCHON D'ÉVIER : Fille de cuisine, sale, dégoûtante, la maritorne dans l'acception du mot.

Allusion à la puanteur du *torchon* qui sert à essuyer la pierre à *évier* (Argot du peuple) *N.*

TORTILLARD : Boiteux, mal fait, les jambes en manches de veste.

Expression appliquée par Eugène Sue dans les *Mystères de Paris* à l'affreux gamin du fils de *Bras-Rouge* (Argot du peuple).

TORTILLÉ : Avouer.

— Il a été tellement *tortillé* par le *palpeur* qu'il a *tortillé* sur les *aminches* (Argot du peuple) *N.*

TOUPIN : Boisseau.

Toupinier, boisselier (Argot des voleurs).

TOURLOURER : Tuer, assassiner (Argot des voleurs).

TOURLOUSINE : Danse, volée.

— Je vais te coller une *tourlousine* numéro un si tu *canne* l'école.

C'est, je crois, *tourtousine* qu'il faudrait dire, la corde se disant *tourtouse* et servant généralement de correction, *tourtousine* est indiqué (Argot du peuple) *N.*

TOURMENTE : Colique.

En effet, celui qui est en proie à ce mal est rudement *tourmenté* surtout si la colique lui prend dans une audience à l'Elysée il est vrai qu'il pourrait demander la clé des lieux au président (Argot des voleurs).

TOURNAN : Moulin (Argot des voleurs),

TOURNÉE : Quand des camarades boivent sur le comptoir, chacun à son tour offre sa *tournée* (Argot du peuple).

TOURNÉE : en donner ou en recevoir une.

— Je vais te flanquer une *tournée* que le diable en prendra les armes (Argot du peuple).

TOUT DE CÉ : Très bien.

Synonyme de ça va tout droit, ça va tout de go (Argot des voleurs).

TOUTIME : Tout.

C'est un très vieux mot que l'on trouve dans Ollivier Chereau à propos de la réforme de l'argot confiée aux *archi-suppots* titre que prenaient les *cagous*, principaux officiers du roi des Truands (Argot des voleurs).

TRAIFFE : Quand deux voleurs *dévident le jars* et que l'un ne comprend pas, ou comprend mal, il dit à l'autre *traiffe*, parle français (Argot des voleurs). *N.*

TRAINSMART : Perdreau (Argot des braconniers). *N.*

TRENTE-ET-UN (Être sur son) : S'habiller avec ce que l'on a de plus beau.

— Avoir peur : *la peau du cul me fait trente-et-un* (Argot du peuple).

TRENTE-ET-UN (faire) : Avoir peur, trembler, le sang ne circulant plus activement dans les veines, augmente les pulsations :

Synonyme de l'expression : je n'ai pas un poil de sec (Argot du peuple).

TROMBLON : Le chapeau de Monsieur Pipelet, illustré par Eugène Suë, dans les *Mystères de Paris*.

Chapeau très haut et évasé.

Allusion de forme au *tromblon* espagnol, dont la gueule est évasée comme une trompette (Argot du peuple).

TROMBLON : Le gosier.

Cette expression n'est pourtant pas bien vieille (1867), mais elle n'est plus guère usitée aujourd'hui.

Autrefois, aux dix minutes, accordées aux ouvriers à trois heures pour *goûter*, on disait à l'atelier.

— Allons nous arroser le *tromblon* (Argot du peuple).

TROTTOIR A COUVERT : Le bal du Moulin-Rouge, les Folies-Bergère, les restaurants de nuit, en un mot tous les lieux où les filles raccrochent comme en plein boulevard (Argot des filles). *N.*

TROU AUX POMMES DE TERRE : La bouche (Argot du peuple).

TROU A LA TERRE JAUNE : On devine de quel *trou* il s'agit.

Allusion à la couleur généralement dorée des excréments.

Les pédérastes sont les chevaliers du *trou à la terre jaune* (Argot du peuple). *N.*

TROUILLE : Rigaud dit que *trouille* veut dire : *souillon.*

Jamais ce mot n'a été employé dans ce sens.

Trouille signifie ne pas avoir peur.

— C'est une rude gaillarde, elle n'a pas la *trouille.*

Ce mot est une déformation de langage par corruption de *trouilleur* (Argot du peuple). *N.*

TUE-PUCES : Le laveur de chiens que l'on rencontre sur les berges de la Seine, aux abords des abreuvoirs, pendant la belle saison. Ils *tuent* les *puces* des chiens au moyen d'une mixture faite de soufre en poudre et de savon noir (Argot des camelots) *N.*

TURIN : Pot de terre (Argot des voleurs).

TYPO : Abréviation de typographe, mot trop long à prononcer dans les ateliers (Argot d'imprimerie).]

V

VABONTRAIN : Être leste, agile, marcher avec une extrême rapidité.

C'est un sobriquet très commun chez les Compagnons du Devoir, qui l'ajoutent au nom patronymique (Argot du peuple) *N.*

VACHE (La tirer) : Terme usité chez les forgerons pour indiquer l'action de tirer le *soufflet*.

Le *soufflet* de forge est nommé *vache* parce qu'il est confectionné avec la peau de cet animal (Argot de métier) *N.*

VACHE ENRAGÉE (En manger)

C'est une métaphore, car celui qui en *mange* ne *mange pas*.

Cette locution populaire est très usitée.

— Tu ne veux pas travailler, feignant, fous le camp de la maison, quand tu auras assez *mangé de vache enragée*, tu reviendras (Argot du peuple).

VALSEURS : Ivrognes.

Allusion aux zigs-zags que le pochard décrit en marchant, il a, en effet, l'air de *valser*. C'est le marchand de vin qui est le chef d'orchestre (Argot des voleurs) *N.*

VERTU NAUFRAGÉE : Femme-fille qui ne pourrait

plus être couronnée rosière, même laïque ; sa *vertu a fait naufrage* sur le gazon ou ailleurs (Argot du peuple) *N*.

VESTIAIRE : Les lieux d'aisance.

Dans les bals publics, les râleuses hors de service, tapent les clients.

— Mon gros bébé, donne-moi dix sous pour mon *vestiaire*.

Il y en a qui se font de belles recettes avec ce truc (Argot des filles).

VIDER LE PLANCHER : S'en aller.

— Mon p'tit, ça ne marche pas, tu vas *vider le plancher* (Argot du peuple).

VIEILLE GARDE : Vieille fille publique lasse de rouler les hommes (Argot des filles). *N*.

VILLOIS : Village (Argot des voleurs).

VILLON : Poète des prisons.

Winter, le célèbre voleur, et François Gaillard, dit Lacenaire, le fameux assassin de Chardon, furent des *Villon* dont on parle encore dans les prisons (Argot des voleurs).

VIOLON : Les serruriers et les mécaniciens, pour percer des petits trous, se servent d'un foret emmanché dans une bobine, pour lui imprimer un mouvement de rotation, ils ont une tige d'acier flexible garnie d'un fil d'Archal, et ils appuient le pivot du foret sur une plaque assujétie sur l'estomac. Cette plaque se nomme *Conscience* (*V*. ce mot). La tige d'acier se nomme un *Archet*. Par le va-et-vient du foret, l'ouvrier joue un air de *violon* (Argot du peuple). *N*.

VOITURE A BRAS : Vieille femme.

Cette expression est employée pour dire qu'elle est une *vieille charrette* qui a traîné la moitié du Paris masculin (Argot du peuple).

VOLE-AU-VENT : Plume.

Allusion à sa légèreté.

— La plume *vole au vent* (Argot des voleurs).

Z

ZÉBRE : Ne peut guère s'expliquer que comme ceci :

— Ah ! ma vieille, ce que mon homme a un *Zèbre* ! (Argot du peuple). *N.*

ZOUAVE (Faire le) : Faire des embarras, *craner*, escompter un succès à l'avance, se poser en matamore, se croire irrésistible auprès des femmes.

Cette expression vient de ce que les *zouaves* se croient tout et capables de tout.

Ce sont nos *Gusman* d'Algérie (Argot du peuple). *N.*

IMP. L. LAMBERT, 11, RUE MOLIÈRE

www.ingramcontent.com/pod-product-compliance
Lightning Source LLC
Chambersburg PA
CBHW072103080426
42733CB00010B/2197